Abenteuer Elternsein – Leitfaden für die ersten 5 Jahr deines Kindes

Inhaltsverzeichnis

6. Schlafen lernen – Ein großes Thema für Eltern

1. Warum dein Baby noch nicht durchschläft

2. Sichere Schlafumgebung: Plötzlicher Kindstod vermeiden

3. Einschlafrituale entwickeln

4. Schlafphasen verstehen: Vom Nickerchen zum Nachtschlaf

5. Was tun, wenn dein Baby nur auf dem Arm schläft?

7. Sechs Monate alt – Der große Entwicklungssprung

1. Beikosteinführung: Der richtige Zeitpunkt

2. Stillen oder Flasche – Was verändert sich?

3. Die ersten Versuche, sich aufzusetzen

4. Wie Babys lernen, mit den Händen zu essen

5. Warum dein Baby jetzt mehr Nähe braucht

8. Zahnen – Eine Herausforderung für Eltern und Kind

1. Die ersten Zähnchen: Wann und wie?

2. Symptome des Zahnens – und wie du helfen kannst

3. Beißringe, Zahngels und Hausmittel im Überblick

4. Die richtige Zahnpflege von Anfang an

5. Zahnen und Schlafprobleme: Was hilft?

9. Das erste Jahr – Vom Baby zum Kleinkind

1. Die ersten Schritte: Laufen lernen

2. Erste Worte und Sprachentwicklung

3. Warum Babys Dinge in den Mund nehmen

4. Spielen mit Mama und Papa – Warum es so wichtig ist

5. Der erste Geburtstag – Ein besonderes Ereignis

10. Die Trotzphase beginnt – Autonomie und Wutanfälle

1. Warum Kinder plötzlich "Nein!" sagen

2. Wutausbrüche verstehen und begleiten

3. Geduld bewahren – Tipps für stressige Momente

4. Liebevolle Konsequenz: Grenzen setzen

5. Die Bedeutung von Wahlmöglichkeiten

11. Das zweite Lebensjahr – Motorik und Bewegung

1. Klettern, Rennen, Hüpfen – Das Kind in Bewegung

2. Warum Unfälle jetzt häufiger passieren

3. Sicherheitsmaßnahmen für Zuhause

4. Die ersten Laufrad- und Dreiradversuche

5. Förderung der Feinmotorik im Alltag

12. Sprachentwicklung – Wie Kinder sprechen lernen

1. Von Ein-Wort-Sätzen zu kleinen Gesprächen

2. Warum dein Kind gerne nachplappert

3. Bücher und Lieder zur Sprachförderung

4. Sprachverzögerungen erkennen und handeln

5. Mehrsprachigkeit – Fluch oder Segen?

13. Sauberwerden – Ein großer Schritt zur Selbstständigkeit

1. Wann ist der richtige Zeitpunkt?

2. Töpfchentraining ohne Stress

3. Nachtwindeln – Wann darauf verzichten?

4. Missgeschicke gelassen meistern

5. Belohnungssysteme: Ja oder Nein?

14. Der Eintritt in die Kita – Eine neue Welt

1. Die richtige Kita finden

2. Die sanfte Eingewöhnung

3. Trennungsängste bewältigen

4. Erste Freundschaften schließen

5. Kita-Krankheiten und Immunsystem stärken

15. Geschwisterliebe – Vom Einzelkind zum großen Bruder/Schwester

1. Wie du dein Kind auf ein Geschwisterchen vorbereitest

2. Eifersucht verstehen und begleiten

3. Zeit für jedes Kind: Der Balanceakt

4. Geschwisterstreit und Versöhnung lernen

5. Gemeinsame Rituale für Geschwisterbindung

16. Das dritte Jahr – Die Welt mit neuen Augen sehen

1. Warum dein Kind plötzlich alles hinterfragt

3. Erste Freundschaften: Wie Kinder Kontakte knüpfen

4. Konflikte unter Kindern lösen

5. Empathie fördern – Warum Mitgefühl wichtig ist

22. Medienkonsum – Umgang mit Fernsehen, Tablet und Co.

1. Wann ist der richtige Zeitpunkt für Medien?

2. Wie viel Bildschirmzeit ist gesund?

3. Kindgerechte Inhalte auswählen

4. Alternativen zu digitalen Medien

5. Eltern als Vorbilder im Medienkonsum

23. Selbstständigkeit fördern – Kleine Aufgaben im Alltag

1. Warum Kinder helfen wollen

2. Kleine Haushaltspflichten für Vorschulkinder

3. Geduld haben, wenn es nicht perfekt ist

4. Entscheidungsfreiheit geben: Was Kinder schon können

5. Der richtige Umgang mit Verantwortung

24. Die ersten Ängste – Was Kinder beschäftigt

1. Angst vor Dunkelheit – Wie du helfen kannst

2. Albträume und Nachtschreck verstehen

3. Trennungsangst – Wie du sie begleitest

4. Angst vor Fremden und neuen Situationen

5. Vertrauen und Sicherheit vermitteln

25. Bewegung und Sport – Warum Aktivität so wichtig ist

1. Toben, Klettern, Rennen – Bewegungsdrang verstehen

2. Welche Sportarten sind für Kleinkinder geeignet?

3. Motorik fördern durch Bewegungsspiele

4. Warum Kinder nicht stillsitzen können

5. Draußen spielen vs. drinnen spielen

26. Geschichtenerzählen – Die Magie der Fantasie

1. Warum Kinder Geschichten lieben

2. Erzählen, Vorlesen oder Hörbücher?

3. Kreativität durch eigene Geschichten fördern

1. Willkommen im Leben – Die Geburt deines Kindes

Die Geburt eines Kindes ist ein magischer Moment – ein einzigartiges, überwältigendes und zutiefst emotionales Ereignis. Nach Monaten der Vorfreude, vielleicht auch der Unsicherheit und Anspannung, hältst du dein Baby endlich in den Armen. Dieser erste Moment ist unvergesslich – ein kleiner Mensch betritt die Welt, und mit ihm beginnt für dich das Abenteuer Elternsein.

1.1 Der Zauber der ersten Stunden

Die ersten Stunden nach der Geburt sind von einer ganz besonderen Atmosphäre geprägt. Dein Baby kommt aus einer warmen, sicheren Umgebung in eine völlig neue Welt. Die Lichter sind heller, die Geräusche lauter, die Luft kühler. Doch eines bleibt gleich: Deine Nähe.

Viele Babys sind in den ersten Minuten nach der Geburt erstaunlich wach. Sie blinzeln, schauen sich um und scheinen mit ihren Augen nach vertrauten Gesichtern zu suchen. Dabei können sie bereits auf kurze Distanz sehen – dein Gesicht erkennen sie also, vor allem, wenn du mit ihnen sprichst.

Dieser Moment ist für euch als Familie kostbar. Dein Baby ist nun da, und du wirst es langsam kennenlernen. Die ersten Streicheleinheiten, das erste bewusste Wahrnehmen der kleinen Finger, die Wärme des Babybauchs auf deiner Haut – all das sind Erinnerungen, die für immer bleiben.

1.2 Haut-zu-Haut-Kontakt: Warum er so wichtig ist

Ein Neugeborenes hat nicht nur physiologische Bedürfnisse wie Wärme und Nahrung, sondern auch das tiefe Verlangen nach Nähe und Geborgenheit. Der Haut-zu-Haut-Kontakt, oft als „Bonding" bezeichnet, spielt eine entscheidende Rolle.

Direkt nach der Geburt wird das Baby – wenn möglich – auf die nackte Brust von Mama (oder Papa) gelegt. Dieser Kontakt hilft dem Baby, sich an die neue Umgebung zu gewöhnen. Seine Temperatur, Atmung und sogar der Herzschlag können sich durch deine Nähe regulieren.

Studien zeigen, dass Babys, die in den ersten Stunden viel Körperkontakt mit ihren Eltern haben, ruhiger sind, besser trinken und später eine engere Bindung zu ihren Eltern aufbauen. Auch für dich hat das Kuscheln Vorteile: Durch den Hautkontakt wird das Hormon Oxytocin ausgeschüttet, das deine Milchproduktion anregt und die emotionale Verbindung zu deinem Baby stärkt.

Falls eine medizinische Intervention nötig ist und du dein Baby nicht sofort halten kannst, kann der Papa einspringen. Haut-zu-Haut-Kontakt mit Papa ist genauso wertvoll und kann helfen, dass sich das Baby sicher fühlt.

1.3 Der erste Schrei – Kommunikation beginnt

Der erste Schrei deines Babys ist ein bewegender Moment. Nach neun Monaten im Bauch füllt es nun zum ersten Mal seine Lungen mit Luft. Der erste Schrei zeigt, dass dein Baby atmet und bereit ist, in dieser neuen Welt anzukommen.

Doch das Schreien ist nicht nur ein Zeichen für die Atmung, sondern auch die erste Form der Kommunikation. Babys schreien aus vielen Gründen – Hunger, Müdigkeit, Kälte, Überforderung. Schon bald wirst du lernen, die verschiedenen Schreie zu unterscheiden und zu verstehen, was dein Baby dir sagen möchte.

Ein kleiner Tipp: Viele Eltern fühlen sich am Anfang hilflos, wenn ihr Baby schreit. Doch mit der Zeit entwickelst du ein Gespür für die Bedürfnisse deines Kindes. Bleib ruhig, tröste dein Baby und vertraue auf eure wachsende Verbindung.

1.4 Die erste Still- oder Fläschchenmahlzeit

Kurz nach der Geburt beginnt die erste Nahrungsaufnahme – entweder durch Stillen oder mit der Flasche. Die meisten Babys haben nach der Geburt einen natürlichen Saugreflex und suchen intuitiv nach der Brust.

Das erste Stillen kann ein wenig Übung erfordern. Manche Babys saugen sofort kräftig, andere brauchen etwas länger, um sich an die Brust zu gewöhnen. Es ist vollkommen normal, wenn es am Anfang nicht auf Anhieb klappt. Eine Stillberaterin oder eine Hebamme kann dir helfen, die richtige Position zu finden und sicherzustellen, dass dein Baby gut angelegt ist.

Falls du nicht stillen möchtest oder kannst, ist das Fläschchen eine gute Alternative. Das Wichtigste ist, dass dein Baby satt und zufrieden ist – ob durch Muttermilch oder Säuglingsmilch.

Ein paar Tipps für die erste Mahlzeit:

- Hab Geduld und gib euch Zeit, euch aneinander zu gewöhnen.

- Achte auf eine bequeme Position, damit das Stillen oder Füttern für dich angenehm ist.

- Dein Baby braucht in den ersten Tagen nur kleine Mengen Milch – der Magen eines Neugeborenen ist winzig.

- Wenn dein Baby Schwierigkeiten beim Trinken hat, bitte eine Hebamme oder eine Stillberaterin um Hilfe.

1.5 Emotionale Achterbahn: Die Gefühle der Eltern

Die Geburt deines Kindes ist ein emotionaler Meilenstein – und mit dieser Freude kommen oft unerwartete Gefühle. Viele frischgebackene Eltern erleben in den ersten Stunden eine Mischung aus Glück, Erleichterung, Erschöpfung und manchmal auch Unsicherheit.

Es ist völlig normal, wenn du dich überwältigt fühlst. Nach der Geburt verändert sich dein Hormonhaushalt, und das kann zu Tränen der Freude, aber auch zu unerklärlichen Stimmungsschwankungen führen. Besonders Mütter erleben oft den sogenannten „Baby Blues" – eine kurze Phase, in der sie sich ohne ersichtlichen Grund traurig oder überfordert fühlen.

Auch Väter haben starke Emotionen. Plötzlich ist da dieses kleine Wesen, für das sie Verantwortung tragen. Manche fühlen sich sofort tief verbunden, andere brauchen ein wenig Zeit, um in ihre neue Rolle hineinzuwachsen.

Was hilft in dieser Zeit?

- **Redet miteinander:** Sprich mit deinem Partner oder deiner Hebamme über deine Gefühle. Alles, was du empfindest, ist normal.

- **Ruhe dich aus:** Schlaf ist in den ersten Tagen kostbar. Versuche, dich zu entspannen, wenn dein Baby schläft.

- **Nimm Hilfe an:** Familie oder Freunde können dich unterstützen – sei es mit einem gekochten Essen oder einfach mit einem offenen Ohr.

- **Erwarte nicht zu viel von dir selbst:** Niemand ist von Anfang an ein perfekter Elternteil. Es ist ein Lernprozess, und das ist völlig in Ordnung.

Fazit: Ein neuer Lebensabschnitt beginnt

Die Geburt deines Babys markiert den Beginn einer neuen Ära. In diesen ersten Stunden entsteht eine enge Bindung zwischen dir und deinem Kind, und ihr beginnt, euch kennenzulernen. Alles ist neu – für dein Baby, aber auch für dich als Elternteil.

Nimm dir Zeit, genieße den Moment und vergiss nicht: Perfekt sein musst du nicht. Dein Baby braucht keine perfekten Eltern, sondern einfach nur dich – mit all deiner Liebe, Fürsorge und Wärme. 🩶

2. Die ersten Tage – Ankommen in der neuen Welt

Nach der Geburt beginnt für dein Baby – und für dich – eine aufregende, aber auch herausfordernde Zeit. Die ersten Tage nach der Geburt sind geprägt von vielen Veränderungen, neuen Abläufen und einer Menge an Emotionen. Während dein Baby sich an das Leben außerhalb des Mutterleibs gewöhnt, lernst du, mit deiner neuen Rolle als Elternteil umzugehen.

Diese Tage sind einzigartig – voller zauberhafter Momente, aber auch Unsicherheiten. Keine Sorge, du wächst mit der Aufgabe, und dein Baby zeigt dir, was es braucht. Hier erfährst du, was in den ersten Tagen nach der Geburt besonders wichtig ist.

2.1 Der erste Windelwechsel

Das erste Mal eine Windel wechseln – für viele frischgebackene Eltern eine kleine Herausforderung. Die Hände zittern vielleicht, das Baby strampelt, und die winzige Windel will nicht so recht sitzen. Aber keine Sorge: Nach ein paar Tagen wird das Windelwechseln zur Routine.

Neugeborene haben in den ersten Tagen eine ganz besondere Art von Stuhlgang: das sogenannte Kindspech (Mekonium). Es ist schwarz, klebrig und erinnert an Teer. Das kann erst einmal irritierend wirken, ist aber völlig normal. Nach ein paar Tagen, wenn dein Baby Kolostrum (die erste Milch) oder Säuglingsmilch aufgenommen hat, wird der Stuhlgang weicher und heller.

Tipps für den Windelwechsel:

- **Alles griffbereit haben:** Feuchttücher, frische Windel, eventuell eine Wundschutzcreme.

- **Sicherheit geht vor:** Halte dein Baby immer mit einer Hand, besonders wenn es auf dem Wickeltisch liegt.

- **Sanft, aber gründlich reinigen:** Besonders bei Mädchen darauf achten, von vorne nach hinten zu wischen, um Infektionen zu vermeiden.

- **Luft an den Po lassen:** Ein paar Minuten ohne Windel hilft, Hautreizungen zu vermeiden.

Manchmal kann es zu einem wunden Po kommen. Lass dein Baby dann öfter mal ohne Windel strampeln und verwende eine Wundschutzcreme mit Zink.

2.2 Bonding mit Mama und Papa

In den ersten Tagen nach der Geburt ist die Bindung zwischen Eltern und Kind besonders wichtig. Dein Baby erkennt deine Stimme und deinen Geruch – es weiß bereits, dass du seine sichere Basis bist.

Bonding bedeutet, eine tiefe emotionale Verbindung aufzubauen. Hautkontakt, Kuscheln und ruhige Momente helfen dabei. Für Väter ist es ebenso wichtig, von Anfang an Nähe aufzubauen.

Was fördert das Bonding?

- Viel Haut-zu-Haut-Kontakt (Känguru-Methode)

- Sanftes Sprechen oder Summen

- Blickkontakt und Lächeln

- Langsames, ruhiges Wiegen auf dem Arm

Wenn du einen Kaiserschnitt hattest oder aus anderen Gründen dein Baby nicht sofort halten konntest, ist das kein Grund zur Sorge. Bonding kann auch in den nächsten Tagen und Wochen intensiv aufgebaut werden.

2.3 Warum Neugeborene so viel schlafen

Vielleicht hast du dich schon gewundert: Dein Baby schläft unglaublich viel! Neugeborene schlafen bis zu 16–18 Stunden pro Tag, aber in kurzen Abschnitten. Ihr Schlafrhythmus ist noch nicht an Tag und Nacht angepasst.

Der viele Schlaf ist notwendig, weil das Gehirn deines Babys so viele neue Eindrücke verarbeitet. Selbst im Schlaf lernt es. Allerdings kann der unregelmäßige Schlafrhythmus für Eltern anstrengend sein.

Tipps für einen besseren Schlafrhythmus:

- **Unterscheide Tag und Nacht:** Tagsüber kann es ruhig heller und etwas lauter sein, nachts hingegen dunkel und ruhig.

- **Ein sanftes Einschlafritual etablieren:** Zum Beispiel leises Summen, sanftes Wiegen oder eine leise Spieluhr.

- **Nicht zu viele Reize vor dem Schlafen:** Zu viel Action kurz vor dem Einschlafen kann dein Baby überfordern.

Wenn dein Baby nur in deinen Armen schläft, ist das völlig normal. Es hat monatelang deine Nähe gespürt und fühlt sich nur so richtig sicher. Du kannst versuchen, es langsam an sein Bettchen zu gewöhnen, aber zwinge nichts.

2.4 Schreien als Ausdruck – Was dein Baby dir sagt

Schreien ist für Neugeborene die einzige Möglichkeit zu kommunizieren. Manche Babys schreien sehr wenig, andere mehr. Aber jedes Baby schreit aus einem bestimmten Grund.

Häufige Gründe für Schreien:

- Hunger

- Volle Windel

- Müdigkeit

- Überforderung

- Nähebedürfnis

Manche Eltern sorgen sich, dass ihr Baby zu viel schreit. Aber in den ersten Tagen bedeutet Schreien nicht, dass etwas falsch läuft. Dein Baby muss sich erst an die neue Welt gewöhnen.

Ein paar Tipps zum Beruhigen:

- Trage dein Baby im Arm oder in einer Tragehilfe. Bewegung beruhigt.

- Sprich sanft oder singe ihm vor. Deine Stimme wirkt vertraut.

- Wickel es in eine leichte Decke (Pucken), das erinnert an die Enge im Bauch.

- Mach „Weißes Rauschen" an, z. B. Fön- oder Staubsaugergeräusche – das imitiert die Geräusche aus dem Mutterleib.

Falls dein Baby untröstlich scheint oder anhaltend schreit, kann es Blähungen oder ein Unwohlsein haben. Sanfte Bauchmassagen oder eine entspannende Kuscheleinheit können helfen.

2.5 Besuch im Wochenbett: Dos and Don'ts

Nach der Geburt freuen sich viele Angehörige darauf, das Baby kennenzulernen. Doch die ersten Tage sind eine sensible Zeit – für dich, dein Baby und deinen Partner.

Dos:
✓ Frage vorher nach, ob und wann Besuch gewünscht ist.
✓ Halte den Besuch kurz (30–60 Minuten reichen völlig).
✓ Bring eine Kleinigkeit zu essen mit, anstatt zu erwarten, dass du bewirtet wirst.
✓ Wasche dir die Hände, bevor du das Baby hältst.

Don'ts:
✗ Unangemeldet erscheinen.
✗ Erwartungen haben, das Baby sofort auf den Arm nehmen zu dürfen.

✗ Eltern mit gut gemeinten, aber ungefragten Ratschlägen überhäufen.

✗ Überstunden bleiben – Mama und Papa brauchen Ruhe.

Du darfst ohne schlechtes Gewissen sagen: „Heute passt es nicht." Dein Wohlbefinden und das deines Babys haben Vorrang.

Fazit: Ein Neuanfang für euch alle

Die ersten Tage mit deinem Baby sind eine Phase der Anpassung – für euch beide. Du lernst, dein Baby zu verstehen, dein Baby gewöhnt sich an das Leben außerhalb des Bauches.

Es gibt viele wunderschöne Momente – der erste Blickkontakt, das erste leise Glucksen. Aber es gibt auch herausfordernde Zeiten – schlaflose Nächte, Unsicherheiten, Tränen. All das ist normal.

💡 **Denk immer daran:**

- Perfekt sein musst du nicht – dein Baby braucht dich einfach so, wie du bist.

- Es ist okay, um Hilfe zu bitten, wenn du erschöpft bist.

- Jeder Tag bringt neue Überraschungen – genieße sie.

Die ersten Tage sind wie ein sanfter Einstieg in das Abenteuer Elternsein. Bleib geduldig, lass dir Zeit – und vor allem: Hab Vertrauen in dich selbst! 🩶

3. Die ersten Wochen – Euer neuer Alltag

Nach den ersten aufregenden Tagen beginnt langsam ein neuer Alltag mit deinem Baby. Doch dieser Alltag ist alles andere als gewöhnlich – er verändert sich fast täglich. Dein Baby wächst, lernt und entwickelt sich rasend schnell. Gleichzeitig lernst auch du als Elternteil viel dazu: Wie dein Baby Hunger signalisiert, welche Geräusche es beruhigen, und warum es manchmal scheinbar grundlos quengelt.

Diese ersten Wochen können wunderschön, aber auch anstrengend sein. Schlafmangel, Unsicherheiten und das ständige Dasein für einen winzigen Menschen sind eine große Umstellung. Doch keine Sorge – mit etwas Geduld und Gelassenheit findest du in euren eigenen Rhythmus.

3.1 Der Rhythmus zwischen Stillen und Schlafen

Eines der ersten Dinge, die du in diesen Wochen lernen wirst, ist: Ein Neugeborenes hat (noch) keinen festen Rhythmus. Statt eines geregelten Tagesablaufs bestimmt dein Baby, wann es trinkt, schläft und wach ist. Das kann für Eltern herausfordernd sein, weil die eigenen Bedürfnisse oft hintangestellt werden müssen.

Babys haben kleine Mägen und müssen deshalb häufig trinken – oft alle zwei bis drei Stunden. Besonders in den ersten Wochen kann es sich anfühlen, als würdest du rund um die Uhr stillen oder Fläschchen geben. Das ist völlig normal!

Tipps für eine entspannte Still- oder Flaschenzeit:

- **Lass dich nicht stressen:** Dein Baby trinkt so lange, wie es braucht.

- **Achte auf Stillzeichen:** Ein Baby, das nach der Brust sucht oder an den Fingern lutscht, hat Hunger – oft noch bevor es weint.

- **Schaffe eine angenehme Atmosphäre:** Ein ruhiger Ort mit einem bequemen Sessel oder Kissen kann helfen.

- **Mach dir bewusst: Der Rhythmus kommt mit der Zeit:** Nach etwa sechs bis acht Wochen beginnen Babys oft von selbst, regelmäßiger zu trinken und zu schlafen.

Auch der Schlaf verändert sich. Neugeborene schlafen viel, aber in kurzen Abschnitten. Die meisten schlafen nach ein bis zwei Stunden wieder ein, weil sie sich noch nicht an Tag und Nacht gewöhnt haben. In dieser Zeit kann es helfen, tagsüber die Räume hell und aktiv zu halten, nachts hingegen dunkler und ruhiger.

3.2 Wachstumsschübe: Warum dein Baby sich verändert

Viele Eltern bemerken in den ersten Wochen plötzliche Veränderungen im Verhalten ihres Babys. Ein Baby, das gestern noch friedlich geschlafen hat, ist heute quengelig und will ständig getragen werden. Oft steckt ein Wachstumsschub dahinter.

In den ersten drei Monaten durchläuft dein Baby mehrere Entwicklungssprünge, bei denen es neue Fähigkeiten lernt. Diese Schübe können mit vermehrtem Schreien, weniger Schlaf und gesteigertem Hunger einhergehen.

Was passiert bei einem Wachstumsschub?

- Dein Baby nimmt plötzlich mehr wahr – Geräusche, Licht, Berührungen.

- Es möchte mehr Nähe, weil ihm die Welt auf einmal fremd erscheint.

- Es trinkt häufiger, um die zusätzliche Energie zu bekommen, die es braucht.

Wie kannst du helfen?

- Sei geduldig und gib deinem Baby viel Nähe.

- Tragen hilft oft – viele Babys beruhigen sich in einer Tragehilfe oder einem Tragetuch.

- Denk daran: Diese Phasen sind anstrengend, aber sie gehen vorbei. Danach kann dein Baby oft etwas Neues, zum Beispiel seinen Kopf besser halten oder gezielter greifen.

3.3 Babymassage und Berührung für Geborgenheit

Babys lieben Berührungen – sie spüren dadurch Geborgenheit, Sicherheit und Nähe. Babymassagen sind eine wunderbare Möglichkeit, dein Baby zu beruhigen und die Bindung zu stärken.

Wie geht eine Babymassage?

- Verwende ein warmes, hautfreundliches Öl (z. B. Mandelöl).

- Massiere sanft die Arme, Beine und den Bauch mit kreisenden Bewegungen.

- Achte auf die Signale deines Babys – wenn es unruhig wird, pausiere.

- Besonders sanfte Bauchmassagen können bei Blähungen helfen.

Massagen sind nicht nur für dein Baby entspannend, sondern auch für dich als Elternteil. Sie bieten eine wertvolle Gelegenheit, bewusst Zeit miteinander zu verbringen und die Signale deines Babys besser kennenzulernen.

3.4 Die ersten Arztbesuche und U-Untersuchungen

In den ersten Wochen stehen einige Arztbesuche an. Diese sind wichtig, um zu überprüfen, ob sich dein Baby gut entwickelt.

Typische Untersuchungen in dieser Zeit sind:

- **Die U2 (3.–10. Lebenstag):** Hier wird das Baby gründlich untersucht – Gewicht, Reflexe, Hautfarbe und Trinkverhalten.

- **Die U3 (4.–5. Woche):** Hier wird besonders auf die Hüftentwicklung geachtet, da manche Babys eine Hüftdysplasie haben können.

- **Vitamin-D-Gabe:** Babys bekommen oft Vitamin-D-Tropfen zur Unterstützung der Knochengesundheit.

Viele Eltern sind bei diesen Untersuchungen aufgeregt. Falls du Fragen hast, schreibe sie dir vorher auf – Ärzte und Hebammen helfen dir gerne weiter.

3.5 Elternsein als Team – Kommunikation zwischen Partnern

Die ersten Wochen mit einem Baby sind wunderschön, aber sie können auch eine Belastungsprobe für die Beziehung sein. Schlafmangel, neue Verantwortungen und Unsicherheiten können dazu führen, dass sich beide Eltern überfordert fühlen.

Wie bleibt ihr als Team stark?

- **Redet über eure Gefühle:** Es ist normal, sich manchmal überfordert zu fühlen. Sprecht offen darüber.

- **Teilt euch die Aufgaben auf:** Auch wenn ein Elternteil stillt, kann der andere wickeln, beruhigen oder einfach Unterstützung bieten.

- **Erwartet nicht zu viel:** Niemand muss „perfekte" Eltern sein. Kleine Fehler gehören dazu.

- **Nehmt euch Zeit für euch selbst:** Auch wenn es nur eine heiße Dusche oder eine halbe Stunde Entspannung ist – Selbstfürsorge ist wichtig.

Besonders Väter oder nicht-stillende Partner können sich manchmal überflüssig fühlen, weil das Baby viel an Mama hängt. Doch auch sie sind enorm wichtig: Ein Baby braucht die Liebe und Nähe von beiden Elternteilen. Kleine Rituale wie ein tägliches Kuscheln oder gemeinsames Tragen helfen, die Bindung zu stärken.

Fazit: Ein neuer Alltag voller Veränderungen

Die ersten Wochen sind eine Zeit des Kennenlernens, des Wachsens – für dein Baby und für dich.

🦌 **Was du mitnehmen kannst:**

- Es ist normal, wenn du dich manchmal unsicher fühlst. Alle Eltern lernen mit der Zeit.
- Dein Baby entwickelt sich schnell, und jeder Tag bringt neue kleine Wunder.
- Wachstumsschübe und unruhige Phasen gehen vorbei – Geduld und Nähe helfen deinem Baby.
- Achte auch auf dich selbst und deine Beziehung – Elternsein ist Teamarbeit.

Diese ersten Wochen sind herausfordernd, aber sie sind auch eine einmalige und wunderschöne Zeit. Genieße die Momente mit deinem Baby – selbst wenn sie manchmal chaotisch sind! 🩶

4. Der erste Monat – Meilenstein für Eltern und Kind

Herzlichen Glückwunsch! Dein Baby ist nun einen Monat alt, und du hast die ersten Wochen als frischgebackene*r Elternteil gemeistert. Es war wahrscheinlich eine aufregende Zeit voller neuer Erfahrungen, Emotionen und Herausforderungen. Vielleicht fühlst du dich inzwischen etwas sicherer in deiner neuen Rolle, vielleicht kämpfst du aber auch noch mit Unsicherheiten – beides ist völlig normal!

Der erste Monat markiert einen wichtigen Meilenstein in der Entwicklung deines Babys. Es beginnt, dich bewusster wahrzunehmen, seine Sinne schärfen sich, und kleine Fortschritte machen sich bemerkbar. Auch für dich als Eltern verändert sich einiges: Der Alltag bekommt langsam eine gewisse Routine, und du lernst, dein Baby immer besser zu verstehen.

Lass uns einen genaueren Blick auf diese spannenden Entwicklungen werfen.

4.1 Dein Baby beginnt, dich bewusst wahrzunehmen

In den ersten Wochen war dein Baby noch sehr mit sich selbst beschäftigt. Es musste sich an die neue Umgebung gewöhnen, viel schlafen und trinken. Doch nun beginnt es, seine Umgebung aktiver wahrzunehmen – und vor allem dich!

Dein Baby erkennt dein Gesicht und deine Stimme. Es kann noch nicht weit sehen, aber wenn du dich ihm näherst, fixiert es dich immer länger mit seinen Augen. Vielleicht bemerkst du auch, dass es ruhiger wird, wenn du sprichst oder singst – es fühlt sich sicher und geborgen, weil es deine Stimme aus der Zeit im Bauch kennt.

Wie kannst du dein Baby in dieser Phase unterstützen?

- Sprich viel mit ihm, auch wenn es noch nicht antwortet. Dein Baby liebt deine Stimme!

- Halte es oft im Arm und sieh ihm dabei in die Augen. Dieser Blickkontakt fördert die Bindung.

- Reagiere auf seine Laute und Mimik – so lernt es, dass Kommunikation etwas Schönes ist.

4.2 Entwicklung der Sinne: Sehen, Hören, Fühlen

Babys werden mit erstaunlichen Fähigkeiten geboren, doch ihre Sinne entwickeln sich nach und nach weiter.

Sehen:

- Dein Baby kann Kontraste am besten erkennen. Deshalb faszinieren es Schwarz-Weiß-Muster oder starke Farbkombinationen.

- Es kann noch nicht weit sehen, aber dein Gesicht erkennt es bereits aus etwa 20–30 cm Entfernung.

- In diesem Monat beginnt es, seinen Blick bewusst auf Objekte oder Personen zu richten und ihnen mit den Augen zu folgen.

Hören:

- Dein Baby reagiert besonders auf deine Stimme – sie wirkt beruhigend.

- Plötzliche, laute Geräusche können es erschrecken.

- Sanfte Musik oder das Summen einer Melodie können es beruhigen.

Fühlen:

- Dein Baby liebt Berührungen und sanfte Streicheleinheiten.

- Kuscheln, Massagen und Hautkontakt sind wichtig für die emotionale Entwicklung.

- Es beginnt langsam, seine Hände zu entdecken und sie in den Mund zu nehmen.

Tipp: Hänge eine schwarz-weiße Karte mit Mustern neben den Wickeltisch oder bewege langsam ein Spielzeug vor den Augen deines Babys hin und her. Du wirst sehen, wie es beginnt, seinen Blick darauf zu richten!

4.3 Der erste kleine Lächelversuch

Einer der schönsten Momente für Eltern: das erste bewusste Lächeln!

Babys lächeln bereits von Geburt an im Schlaf – das nennt man „Engelslächeln". Doch nach etwa vier bis sechs Wochen zeigen viele Babys ihr erstes echtes Lächeln. Es ist ihre erste bewusste Reaktion auf dich und ein Zeichen dafür, dass sie dich wiedererkennen und sich freuen.

Dieses Lächeln ist nicht nur unglaublich süß, sondern auch ein wichtiger Entwicklungsschritt. Es zeigt, dass dein Baby soziale Signale verarbeiten kann.

Wie kannst du das erste Lächeln fördern?

- Schau dein Baby oft direkt an, während du mit ihm sprichst.
- Lächle es an – Babys ahmen oft Gesichtsausdrücke nach.
- Spiele sanfte Spiele wie „Guck-guck".

Und keine Sorge, falls dein Baby mit dem Lächeln noch etwas länger braucht – jedes Kind entwickelt sich in seinem eigenen Tempo.

4.4 Warum Bauchlage wichtig ist

Ein wichtiger Entwicklungsschritt in diesem Monat ist die Bauchlage. Auch wenn viele Babys es anfangs nicht mögen, ist es wichtig, dass sie regelmäßig auf dem Bauch liegen.

Warum?

- Die Bauchlage stärkt die Nacken-, Rücken- und Schultermuskulatur.
- Sie bereitet dein Baby darauf vor, später den Kopf zu heben und sich zu drehen.
- Sie hilft, eine flache Kopfform zu vermeiden, die durch langes Liegen auf dem Rücken entstehen kann.

Tipps für eine angenehme Bauchzeit:

- Beginne mit kurzen Einheiten von 1–2 Minuten, mehrmals am Tag.
- Lege dein Baby auf deine Brust – so fühlt es sich sicher und hat einen Anreiz, den Kopf zu heben.
- Verwende ein interessantes Spielzeug oder ein Spiegelchen, um sein Interesse zu wecken.
- Mach die Bauchlage zu einem Spiel und nicht zu einer Pflicht – wenn dein Baby unglücklich ist, hebe es hoch und versuche es später noch einmal.

Mit der Zeit wird dein Baby kräftiger und kann den Kopf immer besser halten. Bald wird es anfangen, sich neugierig umzuschauen!

4.5 Dein Körper nach der Geburt – Erholung und Rückbildung

Während dein Baby wächst und sich entwickelt, macht auch dein Körper eine große Veränderung durch. Viele Mütter unterschätzen, wie lange es dauert, sich von der Geburt zu erholen.

In den ersten Wochen kannst du noch Nachwehen spüren, vor allem beim Stillen. Dein Bauch ist noch weich, die Gebärmutter bildet sich langsam zurück. Vielleicht fühlst du dich müde oder emotional – dein Körper braucht Zeit, um sich anzupassen.

Was hilft bei der Erholung?

- **Rückbildungsgymnastik:** Beginne sanft mit Beckenbodenübungen, sobald dein Arzt oder deine Hebamme grünes Licht gibt.

- **Ruhe gönnen:** Schlaf, wenn dein Baby schläft – auch wenn es schwerfällt.

- **Gesunde Ernährung:** Viel Wasser trinken und nährstoffreiche Mahlzeiten zu dir nehmen, um Energie zu tanken.

- **Unterstützung annehmen:** Lass dir im Haushalt helfen und nimm jede angebotene Hilfe an.

Auch emotional kann diese Zeit herausfordernd sein. Der sogenannte „Baby Blues" kann auftreten – eine Phase, in der du dich ohne ersichtlichen Grund traurig oder überfordert fühlst. Wenn diese Gefühle anhalten, sprich mit deiner Hebamme oder einem Arzt. Du bist nicht allein!

Fazit: Der erste Monat – ein Abenteuer voller kleiner Wunder

Der erste Monat ist eine Zeit des Kennenlernens, Wachsens und Staunens. Dein Baby beginnt, dich bewusst wahrzunehmen, entwickelt seine Sinne weiter und schenkt dir vielleicht schon das erste Lächeln. Gleichzeitig lernst du, deinen neuen Alltag als Elternteil zu meistern – mit all seinen Höhen und Herausforderungen.

💡 **Was du mitnehmen kannst:**

- Dein Baby erkennt dich und fühlt sich bei dir sicher. Deine Nähe ist das Wichtigste für seine Entwicklung.

- Die Bauchlage hilft, die Muskulatur zu stärken – aber immer spielerisch und ohne Druck.

- Dein Baby beginnt langsam, soziale Signale zu senden – sei es durch Lächeln oder erstes „Plaudern".

- Dein Körper braucht Zeit zur Erholung – sei geduldig mit dir selbst.

Auch wenn die Tage manchmal anstrengend sind: Genieße die kleinen Momente. Dein Baby wächst schneller, als du denkst – und dieser erste Monat ist eine einzigartige Zeit, die ihr nie wieder erleben werdet. 🩶

5. Drei Monate alt – Das Baby entdeckt die Welt

Dein Baby ist nun drei Monate alt – ein echter Meilenstein! In diesen ersten Wochen hat es unglaubliche Fortschritte gemacht. Es ist aufmerksamer, interagiert bewusster mit seiner Umgebung und beginnt, die Welt um sich herum mit Neugier zu entdecken.

Vielleicht hast du das Gefühl, dass dein Baby nun „richtiger" mit dir kommuniziert: Es lächelt dich an, reagiert auf deine Stimme und beginnt sogar, Laute von sich zu geben. Auch seine Bewegungen werden kontrollierter – es greift nach Dingen, beobachtet seine Hände und strampelt fröhlich, wenn es sich freut.

In diesem Kapitel erfährst du, welche spannenden Entwicklungen dein Baby in diesem Monat macht und wie du es spielerisch unterstützen kannst.

5.1 Greifen, Fühlen, Entdecken – Motorik entwickelt sich

Mit drei Monaten beginnt dein Baby, seine Hände bewusster zu benutzen. Während es in den ersten Wochen noch unkontrollierte Reflexbewegungen gemacht hat, schaut es jetzt gezielt auf seine Finger und beginnt, nach Dingen zu greifen.

Was passiert jetzt?

- Dein Baby beobachtet seine Hände und Finger ganz fasziniert – sie sind das erste „Spielzeug".

- Es öffnet und schließt die Hände gezielt und versucht, nach Gegenständen zu greifen.

- Die Hand-Augen-Koordination verbessert sich: Es schaut einen Gegenstand an und versucht, ihn zu berühren.

- Wenn es etwas in die Hand bekommt, hält es es fest – oft wandern die Dinge dann direkt in den Mund!

Wie kannst du dein Baby unterstützen?

- Biete ihm verschiedene Materialien zum Fühlen an – weiche Stoffe, glatte Holzringe oder knisternde Tücher.

- Halte ein Spielzeug vor sein Gesicht und bewege es langsam hin und her, damit es mit den Augen folgt.

- Gib ihm weiche Rasseln oder Greiflinge in die Hand – das stärkt die Muskeln und schult die Sinne.

Greifen ist eine der wichtigsten Fähigkeiten in der Entwicklung – aus diesen kleinen, spielerischen Versuchen werden später gezielte Bewegungen wie das Essen mit Löffel oder das Malen mit Stiften.

5.2 Warum Babys anfangen, zu „plaudern"

Ein weiteres aufregendes Highlight in diesem Monat: Dein Baby beginnt, sich lautstark zu äußern! Es macht nicht mehr nur zufällige Geräusche, sondern experimentiert bewusst mit seiner Stimme.

Was verändert sich in diesem Monat?

- Dein Baby beginnt zu glucksen, zu gurren und zu brabbeln („Aaaah", „Eeeh", „Oooo").

- Es reagiert auf deine Stimme – wenn du mit ihm sprichst, antwortet es mit Lauten.

- Es „plaudert" mit seinen eigenen Händen oder Spielzeugen.

- Es quietscht vor Freude oder brummt, wenn es konzentriert ist.

So kannst du dein Baby fördern:

- **Sprich viel mit ihm!** Erzähle, was du gerade tust („Jetzt ziehe ich dir dein Jäckchen an").

- **Antwortet auf sein „Brabbeln".** Wenn es „Aaaah" sagt, wiederhole es – das zeigt ihm, dass Kommunikation ein Hin und Her ist.

- **Singe ihm Lieder vor.** Babys lieben Melodien und beginnen oft, Laute nachzuahmen.

Diese „Gespräche" sind der erste Schritt zur Sprachentwicklung. Auch wenn es sich noch nicht nach richtigen Worten anhört – dein Baby übt fleißig für das Sprechen!

5.3 Die Magie des Spiegelns: Babys Reaktionen

Babys lieben Gesichter – und besonders ihr eigenes! Vielleicht hast du schon bemerkt, dass dein Baby fasziniert in den Spiegel schaut. Es erkennt sich noch nicht selbst, aber es liebt die Bewegungen und den Gesichtsausdruck, den es sieht.

Was passiert hier?

- Dein Baby beobachtet Gesichter genau und beginnt, sie zu imitieren.

- Es lächelt, wenn es in den Spiegel schaut (und dich im Hintergrund sieht).

- Es beginnt, auf Mimik zu reagieren – wenn du lächelst, lächelt es zurück!

Spiele mit deinem Baby:

- Halte es vor einen Spiegel und mache lustige Gesichter.

- Bewege den Spiegel leicht – dein Baby wird staunen!

- Mache eine Bewegung, z. B. mit der Zunge herausstrecken – dein Baby versucht vielleicht, es nachzumachen.

Diese ersten sozialen Interaktionen sind wichtig für die emotionale und kognitive Entwicklung. Dein Baby lernt durch Beobachten und Nachahmen – eine Fähigkeit, die es später beim Sprechen und im sozialen Umgang brauchen wird.

5.4 Tragehilfe oder Kinderwagen? Vor- und Nachteile

Eltern stehen oft vor der Frage: Soll ich mein Baby lieber im Kinderwagen schieben oder in einer Tragehilfe tragen? Beide Optionen haben Vor- und Nachteile – die beste Lösung ist oft eine Mischung aus beiden.

Tragehilfe oder Tragetuch:
- ☑ Fördert die Bindung – dein Baby fühlt sich sicher und geborgen.
- ☑ Hilft bei Blähungen und Koliken, weil es in aufrechter Haltung getragen wird.
- ☑ Praktisch für unterwegs, wenn Wege uneben sind oder viel los ist.
- ☑ Hände bleiben frei für andere Dinge.
- ✗ Kann für längeres Tragen auf Dauer anstrengend sein.
- ✗ Im Sommer kann es warm werden, wenn Baby und Eltern dicht aneinander sind.

Kinderwagen:
- ☑ Ideal für längere Spaziergänge – weniger Belastung für den Rücken der Eltern.

✅ Baby kann flach liegen und schlafen.

✅ Gut geeignet für Einkäufe oder wenn du zusätzliche Dinge transportieren möchtest.

❌ Weniger Nähe zum Baby – es kann sich manchmal unruhig fühlen.

❌ Nicht immer praktisch bei Treppen oder unwegsamen Wegen.

Tipp: Probiere aus, was für dich und dein Baby am besten funktioniert. Viele Eltern nutzen zu Hause eine Tragehilfe und für Spaziergänge den Kinderwagen.

5.5 Der erste Wachstumsschub – Was du wissen musst

Um den dritten Monat herum machen viele Babys einen deutlichen Wachstumsschub durch. Vielleicht bemerkst du, dass dein Baby plötzlich …

- **mehr weint oder quengelig ist**

- **öfter trinken will** (Stillkinder fordern häufiger die Brust)

- **schlechter schläft oder unruhiger ist**

Warum passiert das?
Dein Baby wächst nicht nur körperlich, sondern macht auch geistig einen großen Sprung. Es nimmt seine Umgebung viel bewusster wahr und verarbeitet neue Eindrücke.

Wie kannst du dein Baby in dieser Zeit unterstützen?

- Mehr Nähe geben: Tragen, Kuscheln und beruhigende Worte helfen.

- Still- oder Flaschenmahlzeiten nach Bedarf anbieten – dein Baby braucht jetzt mehr Energie.

- Viel Geduld haben – dieser Schub geht vorbei, und danach kann dein Baby oft etwas Neues!

Nach diesem Schub wird dein Baby oft viel wacher, aktiver und aufmerksamer sein. Es beginnt vielleicht, sich gezielter zu bewegen oder längere Zeit zu „erzählen".

Fazit: Ein großer Entwicklungssprung!

Der dritte Monat bringt viele aufregende Veränderungen: Dein Baby beginnt zu greifen, zu plaudern, Gesichter nachzuahmen und die Welt aktiver wahrzunehmen.

Was du mitnehmen kannst:

- Dein Baby beginnt, seine Hände gezielt einzusetzen – gib ihm Möglichkeiten, sie zu entdecken.

- Kommunikation ist jetzt besonders wichtig – sprich viel mit deinem Baby!

- Nähe und Tragen helfen, dein Baby zu beruhigen und zu fördern.

- Wachstumsschübe können anstrengend sein – aber sie bedeuten große Entwicklungssprünge.

Die ersten drei Monate sind geschafft – dein Baby ist nun kein Neugeborenes mehr, sondern ein kleines Wesen, das aktiv mit seiner Umwelt interagiert. Die nächsten Monate werden noch spannender – dein Baby ist auf dem besten Weg, ein kleiner Weltentdecker zu werden! 🚀 🤍

6. Schlafen lernen – Ein großes Thema für Eltern

Schlaf ist eines der zentralen Themen im ersten Lebensjahr eines Babys – und oft auch eine der größten Herausforderungen für Eltern. In den ersten Monaten schlafen Babys zwar viel, aber nicht unbedingt dann, wenn ihre Eltern es gerne hätten. Ein durchgehender Nachtschlaf? Davon sind die meisten Babys noch weit entfernt.

Vielleicht hast du dich schon gefragt: Warum schläft mein Baby nur in kurzen Etappen? Warum wacht es so oft auf? Und vor allem: Was kann ich tun, um ihm zu helfen, besser zu schlafen?

In diesem Kapitel erfährst du, warum Babys anders schlafen als Erwachsene, wie du eine sichere und angenehme Schlafumgebung schaffst und mit welchen sanften Methoden du dein Baby beim Einschlafen unterstützen kannst.

6.1 Warum dein Baby noch nicht durchschläft

Viele Eltern fragen sich, wann ihr Baby endlich „durchschläft". Doch was bedeutet „Durchschlafen" eigentlich? In den ersten Monaten gilt bereits eine Schlafperiode von fünf bis sechs Stunden als „durchschlafen". Ein achtstündiger Nachtschlaf ist für die meisten Babys noch Zukunftsmusik.

💡 **Warum wachen Babys so oft auf?**

- **Ihr Schlafzyklus ist kürzer:** Ein Erwachsener durchläuft Schlafphasen von ca. 90 Minuten, ein Baby nur 45–60 Minuten. Dadurch wacht es häufiger auf.

- **Es muss regelmäßig essen:** Der kleine Magen braucht häufige Mahlzeiten, insbesondere in den ersten Monaten.

- **Schlafen ist eine Reifungssache:** Das Gehirn eines Babys entwickelt sich rasant – regelmäßiger, tiefer Schlaf kommt mit der Zeit.

- **Entwicklungssprünge können den Schlaf beeinflussen:** Wachstumsschübe, neue Fähigkeiten oder äußere Reize können für unruhige Nächte sorgen.

Tipp: Es ist völlig normal, dass dein Baby in den ersten Monaten noch nicht wie ein Erwachsener schläft. Sei geduldig – mit der Zeit reift sein Schlafverhalten.

6.2 Sichere Schlafumgebung: Plötzlichen Kindstod vermeiden

Die Sicherheit deines Babys während des Schlafens ist das Wichtigste. Die Forschung zeigt, dass einige einfache Maßnahmen das Risiko des plötzlichen Kindstods (SIDS) erheblich reduzieren.

☑️ **Das solltest du tun:**

- Lege dein Baby immer auf den **Rücken** zum Schlafen.

- Das Baby sollte im **eigenen Bettchen** schlafen, aber am besten im Elternschlafzimmer.

- Eine feste **Matratze ohne Kissen, Decken oder Kuscheltiere** ist ideal.

- Die Temperatur im Raum sollte **zwischen 16–18°C** liegen – nicht zu warm.

- Verwende einen **Schlafsack** statt einer Decke, damit das Gesicht des Babys nicht bedeckt wird.

- **Vermeide Zigarettenrauch** – sowohl vor als auch nach der Geburt.

✖ **Das solltest du vermeiden:**

- Auf dem Bauch schlafen lassen (außer es ist wach und unter Aufsicht).

- Weiche Bettwaren, Nestchen oder Kissen im Babybett.

- Überhitzen – zu warme Kleidung oder Heizungen erhöhen das Risiko.

- Gemeinsames Schlafen im Elternbett kann gefährlich sein, wenn Kissen oder Decken das Baby bedecken könnten.

Ein sicherer Schlafplatz gibt dir als Eltern ein beruhigendes Gefühl und sorgt dafür, dass dein Baby gesund schlafen kann.

6.3 Einschlafrituale entwickeln

Babys lieben Rituale – sie geben ihnen Sicherheit und helfen, den Tag-Nacht-Rhythmus zu verstehen. Ein sanftes Einschlafritual kann deinem Baby helfen, zur Ruhe zu kommen und sich auf die Nacht einzustellen.

✦ **Sanfte Einschlafrituale können sein:**

- **Ein warmes Bad** am Abend (nicht unbedingt täglich, aber als ruhiges Ritual).

- **Eine sanfte Massage** mit Babyöl, um Entspannung zu fördern.

- **Eine ruhige Spielzeit**, gefolgt von Kuscheln.

- **Leises Singen oder Summen**, um das Baby in den Schlaf zu wiegen.

- **Ein letzter Still- oder Fläschchen-Moment**, um Geborgenheit zu geben.

💡 **Wichtig:** Achte darauf, dass die Umgebung ruhig ist. Fernseher, laute Musik oder zu viel Licht können das Baby überreizen.

Mit der Zeit wird dein Baby die Abfolge des Rituals erkennen und sich darauf einstellen, dass nun Schlafenszeit ist.

6.4 Schlafphasen verstehen: Vom Nickerchen zum Nachtschlaf

Babys haben andere Schlafmuster als Erwachsene. Sie verbringen mehr Zeit in der leichten Schlafphase, in der sie leicht aufwachen können. Das hat einen evolutionären Vorteil: In der Frühzeit bedeutete tiefes Schlafen eine höhere Gefahr.

Typische Schlafmuster eines Babys mit drei bis sechs Monaten:

- Insgesamt **14–17 Stunden Schlaf pro Tag**.

- **Mehrere Nickerchen** am Tag, meist 3–4 kurze Schlafphasen.

- Nachts **längere Schlafphasen**, aber noch kein durchgehender Nachtschlaf.

- Manche Babys schlafen leicht ein, andere brauchen länger und mehr Unterstützung.

Wie du helfen kannst:

- Finde heraus, wann dein Baby müde ist – Gähnen, Augenreiben oder Unruhe sind Zeichen.

- Halte einen **konstanten Tagesablauf** – regelmäßige Schlafzeiten helfen dem Baby, seinen Rhythmus zu finden.

- Dein Baby darf nicht **übermüdet** sein, sonst wird das Einschlafen schwieriger.

6.5 Was tun, wenn dein Baby nur auf dem Arm schläft?

Viele Babys schlafen am besten auf dem Arm, in der Trage oder beim Stillen. Das ist völlig normal – schließlich hat es neun Monate in deiner Geborgenheit verbracht.

Aber wenn du dein Baby nicht den ganzen Tag tragen kannst oder es langsam ans eigene Bett gewöhnen möchtest, gibt es sanfte Wege:

Schrittweise ans eigene Bett gewöhnen:

1. **Zunächst in den Schlaf wiegen, dann in sein Bettchen legen** (ruhig mit deiner Hand auf seinem Bauch).

2. **Ein getragenes T-Shirt ins Bett legen** (damit es deinen Geruch riecht).

3. **Mit ruhigen Geräuschen arbeiten** (leises „Weißes Rauschen" oder Herzschlag-Geräusche wirken beruhigend).

4. **Immer wieder sanft zurücklegen, wenn es aufwacht** – Babys brauchen Zeit, um sich daran zu gewöhnen.

Wichtig:

- Kein Zwang! Wenn dein Baby untröstlich ist, hole es wieder heraus und versuche es später nochmal.

- Viele Babys lernen erst mit der Zeit, ohne Körperkontakt einzuschlafen. Sei geduldig!

Fazit: Schlafen ist ein Lernprozess – für dein Baby und für dich

Der Schlaf eines Babys ist ein großes Abenteuer – mit Höhen und Tiefen. Aber keine Sorge: Dein Baby wird mit der Zeit lernen, länger zu schlafen.

Was du mitnehmen kannst:

✓ Babys schlafen anders als Erwachsene – häufiges Aufwachen ist normal.

✓ Eine **sichere Schlafumgebung** ist das A und O für einen gesunden Schlaf.

✓ **Einschlafrituale** helfen, eine ruhige Nacht einzuläuten.

✓ Jedes Baby entwickelt seinen eigenen Schlafrhythmus – Geduld ist gefragt.

✓ Nähe ist wichtig – aber du kannst dein Baby sanft ans eigene Bett gewöhnen.

Auch wenn es anstrengend sein kann: Dein Baby schläft nicht schlecht – es schläft einfach wie ein Baby! Mit der Zeit wird sich alles einpendeln. Und bis dahin? Nutze jede ruhige Minute für kleine Erholungsmomente – du machst das großartig!

7. Sechs Monate alt – Der große Entwicklungssprung

Dein Baby ist jetzt ein halbes Jahr alt – eine unglaubliche Reise liegt hinter euch! In diesen sechs Monaten hat sich dein Baby von einem winzigen Neugeborenen zu einem kleinen, aktiven Entdecker entwickelt. Jetzt beginnt eine besonders spannende Phase: Dein Baby wird immer mobiler, beginnt, seine Umgebung noch bewusster wahrzunehmen, und vielleicht steht sogar die erste feste Nahrung an.

In diesem Kapitel erfährst du, welche großen Entwicklungssprünge dein Baby jetzt macht, wie du es unterstützen kannst und welche Veränderungen euch in den nächsten Wochen erwarten.

7.1 Beikosteinführung: Der richtige Zeitpunkt

Ein großes Thema im sechsten Monat ist die Beikost. Viele Eltern fragen sich: Wann ist der richtige Zeitpunkt, um mit fester Nahrung zu beginnen?

Die Weltgesundheitsorganisation (WHO) empfiehlt, in den ersten sechs Monaten ausschließlich zu stillen oder Säuglingsmilch zu geben. Danach kann schrittweise mit Beikost begonnen werden.

Anzeichen, dass dein Baby bereit für Beikost ist:

✓ Es kann mit Unterstützung aufrecht sitzen.

✓ Es zeigt Interesse an deinem Essen, beobachtet dich beim Essen oder greift nach deinem Teller.

✓ Es kann Essen mit der Zunge nach hinten bewegen (nicht mehr reflexartig mit der Zunge herausschieben).

✓ Es kann Dinge gezielt greifen und zum Mund führen.

Falls dein Baby diese Anzeichen noch nicht zeigt, warte lieber noch ein paar Wochen – jedes Kind entwickelt sich in seinem eigenen Tempo.

Wie du starten kannst:

- Beginne mit einfachen, gut verträglichen Lebensmitteln wie Karotten-, Kürbis- oder Pastinakenbrei.

- Lass dein Baby mitbestimmen – wenn es den Löffel wegdrückt oder sich abwendet, ist es vielleicht noch nicht bereit.
- Feste Nahrung ist eine Ergänzung, keine Ersatzmahlzeit – Stillen oder Fläschchen bleibt weiterhin wichtig.

Alternativ zum Brei kannst du auch Baby-led Weaning (BLW) ausprobieren – dabei bekommt das Baby weiche, mundgerechte Stücke von Lebensmitteln, die es selbst greifen und in den Mund stecken kann.

7.2 Stillen oder Flasche – Was verändert sich?

Auch wenn die Beikost eingeführt wird, bleibt Muttermilch oder Säuglingsmilch weiterhin die Hauptnahrung. Dein Baby braucht die Milch noch für wichtige Nährstoffe und Energie.

Was sich jetzt verändert:

- Stillkinder fordern die Brust vielleicht etwas seltener, weil sie durch die Beikost länger satt sind.
- Flaschenkinder trinken vielleicht etwas weniger, je nachdem, wie viel feste Nahrung sie bereits essen.
- Manche Babys bevorzugen am Anfang eher kleine Mengen fester Nahrung und halten sich weiter an ihre Milch.

Wichtig: Zwinge dein Baby nicht zum Essen. Es ist völlig normal, wenn es an manchen Tagen mehr an der Brust oder Flasche trinkt und an anderen Tagen mehr feste Nahrung probiert.

7.3 Die ersten Versuche, sich aufzusetzen

Ein weiterer Meilenstein steht bevor: Dein Baby wird immer kräftiger und beginnt vielleicht schon, sich aus der Rückenlage nach vorne zu ziehen oder sich mit den Armen abzustützen.

Was passiert jetzt?

- Viele Babys versuchen, sich mit den Armen nach oben zu drücken, wenn sie auf dem Bauch liegen.
- Manche Babys rollen sich auf die Seite und versuchen von dort, sich aufzusetzen.
- Wenn dein Baby an deinen Händen zieht, kann es sich manchmal schon kurz aufsetzen – aber noch nicht allein.

Wie kannst du helfen?

- Ermutige dein Baby, in der Bauchlage zu spielen – das stärkt die Muskulatur.
- Setze es nicht künstlich hin (z. B. mit Kissen gestützt), wenn es noch nicht selbst in die Position kommt.
- Spiele mit ihm in einer leicht aufgerichteten Position (z. B. auf deinem Schoß), damit es die Muskulatur stärkt.

Bald wird es soweit sein: Dein Baby wird von selbst sitzen – ein riesiger Schritt in seiner Entwicklung!

7.4 Wie Babys lernen, mit den Händen zu essen

Essen ist nicht nur Nahrung – es ist eine Erfahrung! Viele Babys beginnen jetzt, Essen nicht nur mit dem Mund, sondern auch mit den Händen zu erkunden.

Was passiert jetzt?

- Dein Baby greift nach Lebensmitteln und versucht, sie selbst in den Mund zu stecken.
- Es zerdrückt Essen mit den Fingern – ein wichtiger Lernprozess für die Feinmotorik.
- Manche Babys lutschen erst einmal an weichen Lebensmitteln, bevor sie wirklich kauen.

Wie kannst du dein Baby unterstützen?

- Biete weiche, mundgerechte Stücke an, die es selbst greifen kann (z. B. gedämpfte Karotten, Avocado oder Banane).
- Erlaube ihm, mit Essen zu experimentieren – ja, es wird eine Sauerei, aber das gehört dazu!
- Nutze rutschfeste Teller oder Tabletts, damit das Essen nicht zu schnell wegrutscht.

Essen ist ein sensorisches Erlebnis – es geht nicht nur ums Sattwerden, sondern auch ums Entdecken!

7.5 Warum dein Baby jetzt mehr Nähe braucht

Manche Eltern wundern sich: Ihr Baby war bisher entspannt, doch plötzlich klammert es sich mehr an sie und möchte kaum abgelegt werden.

Warum passiert das?

- Mit sechs Monaten beginnt eine neue Phase der **Fremdeln**. Dein Baby erkennt jetzt vertraute und fremde Gesichter bewusster und bleibt lieber in deiner Nähe.
- Es wird mobiler, aber gleichzeitig merkt es, dass es von Mama oder Papa abhängig ist – das kann zu Unsicherheiten führen.
- Emotionale Entwicklungssprünge gehen oft mit vermehrtem Nähebedürfnis einher.

Was du tun kannst:

- Trage dein Baby ruhig öfter, wenn es das braucht – es gibt ihm Sicherheit.
- Lass es in einem sicheren Umfeld seine Umgebung erkunden, aber sei in der Nähe.
- Sprich ruhig mit ihm, wenn es fremdelt – so fühlt es sich verstanden.

Diese Phase ist ganz normal und vergeht mit der Zeit – dein Baby braucht jetzt einfach besonders viel Geborgenheit.

Fazit: Ein großer Monat voller Veränderungen!

Der sechste Monat bringt riesige Entwicklungssprünge mit sich: Dein Baby beginnt, fester Nahrung zu probieren, es wird aktiver und vielleicht auch anhänglicher.

Was du mitnehmen kannst:
✓ Beikost ist ein spannender, aber individueller Prozess – jedes Baby hat sein eigenes Tempo.
✓ Stillen oder Fläschchen bleibt weiterhin wichtig.
✓ Dein Baby beginnt, sich stärker aufzurichten und die Welt um sich herum zu erkunden.
✓ Essen ist eine Sinneserfahrung – erlaube deinem Baby, mit Lebensmitteln zu experimentieren.
✓ Nähe und Geborgenheit sind jetzt besonders wichtig – dein Baby braucht deine Sicherheit.

Die nächsten Monate werden noch aufregender – bald wird dein Baby vielleicht sitzen, krabbeln und sich immer aktiver in seine Umgebung einbringen. Genieße diese besondere Phase – sie geht viel schneller vorbei, als du denkst!

8. Zahnen – Eine Herausforderung für Eltern und Kind

Irgendwann zwischen dem vierten und siebten Monat beginnt bei vielen Babys das Zahnen – ein Prozess, der Eltern und Kind einiges abverlangt. Manche Babys bekommen ihre ersten Zähnchen fast unbemerkt, andere kämpfen mit Schmerzen, Unruhe und schlechterem Schlaf.

Vielleicht bemerkst du, dass dein Baby vermehrt sabbert, alles in den Mund steckt oder unruhiger ist als sonst. Das sind oft die ersten Anzeichen, dass sich die Zähne auf den Weg machen. Aber keine Sorge – mit ein paar hilfreichen Tipps kannst du dein Baby durch diese Phase begleiten und ihm Erleichterung verschaffen.

8.1 Die ersten Zähnchen: Wann und wie?

Jedes Baby zahnt unterschiedlich – einige kommen schon mit einem Zahn auf die Welt, andere haben mit zwölf Monaten noch keinen einzigen.

Wann beginnen die ersten Zähne zu kommen?

- Die meisten Babys bekommen ihren ersten Zahn zwischen dem **vierten und siebten Monat**.

- Meist brechen zuerst die **unteren Schneidezähne** durch, gefolgt von den oberen Schneidezähnen.

- Bis zum dritten Geburtstag hat ein Kind normalerweise sein vollständiges Milchzahngebiss mit **20 Zähnen**.

Typischer Zahndurchbruch:
✓ **6–10 Monate:** Erste Schneidezähne unten
✓ **8–12 Monate:** Schneidezähne oben
✓ **9–16 Monate:** Seitliche Schneidezähne
✓ **13–19 Monate:** Erste Backenzähne

✓ **16–23 Monate:** Eckzähne

✓ **23–33 Monate:** Zweite Backenzähne

Wenn dein Baby mit sechs Monaten noch keine Zähne hat, ist das völlig normal – es gibt keine feste Regel für den Zahndurchbruch.

8.2 Symptome des Zahnens – und wie du helfen kannst

Manche Babys zeigen kaum Anzeichen beim Zahnen, andere sind tagelang quengelig, schlafen schlecht oder haben sogar leicht erhöhte Temperatur.

Typische Symptome beim Zahnen:

✓ Vermehrtes Sabbern

✓ Alles in den Mund nehmen und darauf herumkauen

✓ Rote Wangen oder wunder Po

✓ Unruhiger Schlaf oder häufiges Aufwachen

✓ Verminderter Appetit

✓ Reizbarkeit oder anhängliches Verhalten

Wann solltest du einen Arzt aufsuchen?

- Wenn dein Baby hohes Fieber (über 38,5°C) hat – Zahnen kann leicht erhöhte Temperatur verursachen, aber kein hohes Fieber.

- Wenn der Durchfall oder die Unruhe länger als einige Tage anhält.

- Wenn das Zahnfleisch extrem geschwollen oder entzündet aussieht.

8.3 Beißringe, Zahngels und Hausmittel im Überblick

Es gibt viele Möglichkeiten, um dein Baby beim Zahnen zu unterstützen. Hier sind einige bewährte Methoden:

Beißringe – Der Klassiker

Beißringe sind ideal, weil sie den Druck auf das Zahnfleisch lindern und das Baby beruhigen.
✓ **Tipp:** Lege den Beißring kurz in den Kühlschrank (nicht ins Gefrierfach!), damit die Kälte zusätzlich hilft.

Hausmittel gegen Zahnungsschmerzen

- **Kalte Waschlappen:** Ein feuchtes, gekühltes Tuch kann zum Draufbeißen gegeben werden.

- **Gekühlte Karotten oder Gurken:** Falls dein Baby schon Beikost isst, kann es darauf herumkauen.

- **Muttermilch-Eiswürfel:** In einem Beißring mit Kühlfunktion gefrorene Muttermilch kann helfen.

Zahnungsgels und Globuli – Ja oder Nein?

- Es gibt Zahnungsgels mit beruhigenden Wirkstoffen, allerdings solltest du vorher mit dem Kinderarzt sprechen.

- Homöopathische Mittel wie Osanit oder Chamomilla-Globuli werden oft empfohlen, sind aber wissenschaftlich umstritten.

🐾 Eltern als Beruhigungsmittel

Manchmal hilft nichts besser als **Nähe und Kuscheln**. Viele Babys wollen beim Zahnen besonders viel getragen werden – das gibt ihnen Sicherheit.

8.4 Die richtige Zahnpflege von Anfang an

Sobald der erste Zahn da ist, beginnt die Zahnpflege!

💡 Wichtig:

- Putze ab dem ersten Zahn einmal täglich mit einer **weichen Babyzahnbürste** und einer **reiskorngroßen Menge fluoridhaltiger Kinderzahnpasta**.

- Ab dem ersten Geburtstag sollte zweimal täglich geputzt werden.

- Nutze keine Honig oder süßen Tees zur Beruhigung – das kann zu Karies führen.

📌 Erste Zahnpflege-Tipps:

✓ Fingerzahnbürsten oder weiche Babyzahnbürsten eignen sich gut.
✓ Lass dein Baby spielerisch die Zahnbürste erkunden.
✓ Verzichte auf süße Getränke in der Flasche – Wasser oder ungesüßter Tee sind besser.

8.5 Zahnen und Schlafprobleme: Was hilft?

Viele Eltern bemerken, dass ihr Baby während des Zahnens schlechter schläft. Nachts scheinen die Schmerzen oft stärker zu sein – das liegt daran, dass sich die Durchblutung im Liegen verstärkt.

💤 Tipps für besseren Schlaf beim Zahnen:

✓ Sanfte Massage des Zahnfleischs vor dem Schlafengehen.
✓ Kühlbeißringe oder feuchte Lappen zum Kauen anbieten.
✓ Zusätzliche Nähe und Trost – manchmal hilft einfach nur Kuscheln.
✓ Homöopathische oder pflanzliche Mittel können in Absprache mit dem Arzt ausprobiert werden.

✖ Was du vermeiden solltest:

- Schmerzgele mit Betäubungsmitteln – sie können gefährlich sein, wenn sie in den Rachen gelangen.

- Medikamente ohne Rücksprache mit dem Kinderarzt.

Falls dein Baby in dieser Zeit oft aufwacht, sei geduldig – diese Phase geht vorbei. Nach ein paar Tagen, wenn der Zahn durchgebrochen ist, schlafen die meisten Babys wieder besser.

Fazit: Zahnen ist eine Herausforderung – aber sie geht vorbei!

Das Zahnen ist für dein Baby (und für dich) eine anstrengende Zeit, aber sie gehört zur natürlichen Entwicklung dazu. Manche Babys stecken es locker weg, andere haben mehr damit zu kämpfen – jedes Kind ist anders.

💡 **Was du mitnehmen kannst:**

✓ Die ersten Zähne kommen meist zwischen dem 4. und 7. Monat, aber jedes Baby hat sein eigenes Tempo.

✓ Typische Symptome sind Sabbern, Unruhe und vermehrtes Kauen.

✓ Beißringe, kühlende Tücher und viel Nähe können helfen.

✓ Die Zahnpflege beginnt ab dem ersten Zahn – eine gute Routine beugt späteren Problemen vor.

✓ Schlafprobleme sind beim Zahnen normal – nach ein paar Tagen wird es meist besser.

Auch wenn das Zahnen eine echte Herausforderung ist: Es ist ein Zeichen dafür, dass dein Baby wächst und sich weiterentwickelt. Und wenn das erste strahlende Zähnchen blitzt, ist alle Mühe schnell vergessen! 🤩 🦷 💜

9. Das erste Jahr – Vom Baby zum Kleinkind

Ein ganz besonderes Ereignis steht bevor: Dein Baby wird bald ein Jahr alt! 🎉 Die vergangenen zwölf Monate waren eine aufregende Zeit voller Wachstum, Lernen und unvergesslicher Momente. Dein kleines Wunder hat sich von einem schutzbedürftigen Neugeborenen zu einem aktiven Entdecker entwickelt, der neugierig seine Umwelt erkundet.

In diesem Kapitel schauen wir uns an, welche Entwicklungsschritte dein Kind im ersten Jahr gemeistert hat und was es jetzt besonders spannend findet. Außerdem bekommst du Tipps, wie du dein Baby in dieser aufregenden Phase unterstützen kannst.

9.1 Die ersten Schritte: Laufen lernen

Vielleicht ist dein Baby noch vorsichtig und zieht sich erst an Möbeln hoch, vielleicht wagt es aber auch schon seine ersten freien Schritte. Egal in welchem Tempo dein Baby das Laufen lernt – es ist ein großer Meilenstein!

💡 **Typischer Zeitrahmen für das Laufenlernen:**

✓ **6–10 Monate:** Robben oder Krabbeln beginnt.

✓ **8–12 Monate:** Dein Baby zieht sich an Möbeln hoch und steht mit Unterstützung.

✓ **10–14 Monate:** Erste wackelige Schritte mit Festhalten.

✓ **12–18 Monate:** Freies Laufen – jedes Kind hat sein eigenes Tempo!

🚀 **So kannst du dein Baby beim Laufenlernen unterstützen:**

- Lass dein Baby **barfuß laufen**, wenn es möglich ist – das fördert das Gleichgewicht.

- Ein sicherer Spielbereich mit weichem Boden hilft, Stürze abzufedern.

- Möbel mit scharfen Kanten solltest du sichern – dein Baby wird sich überall hochziehen!

- Geduld haben – manche Babys laufen mit 10 Monaten, andere erst mit 15 Monaten. Beides ist völlig normal.

⚠ **Kein Stress!** Wenn dein Baby sich noch nicht von selbst aufrichtet oder krabbelt, gib ihm Zeit. Manche Babys überspringen das Krabbeln sogar und gehen direkt ins Laufen über.

9.2 Erste Worte und Sprachentwicklung

Dein Baby hat das ganze Jahr über fleißig geübt: Es hat gelauscht, geplaudert, gebrabbelt – und jetzt kommen vielleicht die ersten echten Worte!

💡 **Wie entwickelt sich die Sprache in diesem Alter?**

✓ Mit 6 Monaten beginnt dein Baby, Silben wie „ba-ba" oder „da-da" zu wiederholen.

✓ Mit 9 Monaten versteht es erste Worte wie „Nein" oder „Mama".

✓ Mit 12 Monaten kann es meist 1–3 verständliche Wörter sprechen (z. B. „Mama", „Ball", „Wauwau").

🗣 **Tipps zur Sprachförderung:**

- Sprich viel mit deinem Baby – beschreibe, was du gerade tust („Jetzt machen wir die Windel sauber").

- Wiederhole einfache Wörter („Schau, eine Katze! Katze!").

- Lies deinem Baby vor – Bilderbücher sind großartig für die Sprachentwicklung.

- Vermeide „Baby-Sprache" – ein klares „Flasche" ist besser als „Baba".

Wenn dein Kind mit einem Jahr noch keine erkennbaren Worte spricht, ist das nicht besorgniserregend. Die Sprachentwicklung ist sehr individuell – manche Kinder sprechen erst mit 18 Monaten ihr erstes Wort!

9.3 Warum Babys Dinge in den Mund nehmen

Hast du schon gemerkt, dass dein Baby alles in den Mund steckt? Spielzeug, Löffel, deine Hand, den Teppich – einfach alles wird erkundet.

💡 **Warum machen Babys das?**

✓ Sie erkunden die Welt mit allen Sinnen – besonders mit dem Mund!

✓ Der Mund ist besonders empfindlich und hilft beim Fühlen.

✓ Das Zahnen kann zusätzlichen Drang zum Kauen auslösen.

🏠 **Sicherheitsmaßnahmen für kleine Entdecker:**

- Achte darauf, dass keine Kleinteile herumliegen – Erstickungsgefahr!

- Spielsachen sollten schadstofffrei und speichelfest sein.

- Prüfe den Boden regelmäßig auf Krümel oder Münzen – Babys greifen blitzschnell zu!

Auch wenn es manchmal nervig ist, wenn dein Baby wieder einen Schuh in den Mund nimmt – es ist völlig normal und gehört zur Entwicklung dazu!

9.4 Spielen mit Mama und Papa – Warum es so wichtig ist

Dein Baby liebt es, mit dir zu spielen! Und das ist nicht nur ein schöner Zeitvertreib, sondern auch wichtig für seine geistige und soziale Entwicklung.

💡 Welche Spiele sind jetzt ideal?
✓ **Stapeln und Sortieren:** Türme aus Bauklötzen oder Becher stapeln fördert die Feinmotorik.
✓ **Kuckuck-Spiel:** Dein Baby beginnt zu verstehen, dass Dinge auch dann existieren, wenn sie nicht sichtbar sind.
✓ **Musik und Tanzen:** Bewegungen zur Musik fördern den Rhythmus und die Körperkoordination.
✓ **Rollen und Werfen:** Ein Ball ist perfekt für kleine Hände und hilft beim Bewegungslernen.

Spielzeit mit Mama und Papa stärkt die Bindung und gibt deinem Baby die Sicherheit, die es braucht, um Neues zu entdecken.

9.5 Der erste Geburtstag – Ein besonderes Ereignis

Unglaublich – dein Baby wird ein Jahr alt! Dieser Tag ist nicht nur für dein Kind, sondern auch für dich als Eltern ein emotionaler Meilenstein.

🎂 Wie kann die Feier aussehen?
✓ Halte es einfach – zu viele Gäste oder zu viel Trubel kann dein Kind überfordern.
✓ Ein kleiner Kuchen oder ein gesunder „Baby-Smash-Cake" ist eine tolle Idee.
✓ Ein paar Luftballons oder Girlanden machen den Tag besonders.
✓ Spiele oder Aktivitäten, die dein Baby gerne mag (z. B. Bällebad, Musikspiele).

🎁 Geschenkideen für den ersten Geburtstag:
🎁 Holzbausteine oder Steckspiele
🎁 Bilderbücher mit dicken Seiten
🎁 Kuscheltiere oder Puppen
🎁 Schiebetiere oder Nachziehspielzeug
🎁 Ein kleines Rutschauto oder ein Lauflernwagen

Der erste Geburtstag ist ein wunderschöner Moment, um auf das erste gemeinsame Jahr zurückzublicken. Ihr habt so viel gelernt, gelacht, vielleicht auch mal geweint – und ihr seid als Familie gewachsen.

Fazit: Das erste Jahr war eine unglaubliche Reise!

💡 Was du mitnehmen kannst:
✓ Dein Baby wird mobiler – es krabbelt oder macht vielleicht schon seine ersten Schritte.
✓ Die Sprachentwicklung nimmt Fahrt auf – bald kommen die ersten verständlichen Wörter.

✓ Alles in den Mund nehmen ist normal – aber achte auf Sicherheit!

✓ Spielen mit Mama und Papa ist die beste Förderung.

✓ Der erste Geburtstag ist ein besonderer Meilenstein – feiert ihn entspannt und mit viel Liebe.

Das erste Jahr ist voller magischer Momente. Genieße die Zeit – dein Baby wird nie wieder so klein sein wie heute. 🩶 🎊

10. Die Trotzphase beginnt – Autonomie und Wutanfälle

Herzlichen Glückwunsch! Dein Kind ist jetzt kein Baby mehr, sondern ein Kleinkind. Mit dem ersten Geburtstag beginnt eine aufregende, aber auch herausfordernde Phase: die sogenannte „Trotzphase" oder besser gesagt, die Phase der **Autonomieentwicklung**.

Vielleicht hast du schon bemerkt, dass dein Kind öfter „Nein!" sagt, sich mit aller Kraft gegen das Anziehen wehrt oder plötzlich einen Wutanfall bekommt, wenn es nicht das bekommt, was es möchte. Willkommen in einer der wichtigsten Entwicklungsphasen deines Kindes!

In diesem Kapitel erfährst du, warum diese Phase so wichtig ist, wie du Wutanfälle liebevoll begleiten kannst und warum Grenzen genauso wichtig sind wie Freiraum.

10.1 Warum Kinder plötzlich „Nein!" sagen

Eben war dein Kind noch süß und unkompliziert – und plötzlich scheint es nur noch „Nein!" zu sagen. Egal, ob es um Essen, Anziehen oder Zähneputzen geht, dein Kind protestiert gegen alles. Aber warum?

💡 **Was steckt hinter der „Trotzphase"?**

- Dein Kind entdeckt seinen eigenen Willen und möchte selbst entscheiden.

- Es versteht, dass es eine eigenständige Person ist, die Dinge beeinflussen kann.

- Es testet Grenzen aus: Wie weit kann ich gehen? Was passiert, wenn ich Nein sage?

- Es hat oft große Emotionen, kann sie aber noch nicht gut steuern.

Was kannst du tun?

- **Sei geduldig:** Dein Kind trotzt nicht, um dich zu ärgern – es lernt, seine Gefühle zu regulieren.

- **Biete Alternativen an:** Statt „Zieh deine Jacke an!" lieber „Möchtest du die blaue oder die rote Jacke anziehen?"

- **Bleib ruhig:** Wenn du dich aufregst, eskaliert die Situation oft noch mehr.

📌 **Wichtig:** Ein „Nein!" bedeutet nicht, dass dein Kind nicht hört – es zeigt, dass es seine eigene Meinung entwickelt. Das ist ein gutes Zeichen für seine gesunde emotionale Entwicklung!

10.2 Wutausbrüche verstehen und begleiten

Plötzliches Schreien, sich auf den Boden werfen, verzweifelte Tränen – Wutanfälle können heftig sein, und als Elternteil kann es schwer sein, damit umzugehen.

💡 Warum bekommen Kinder Wutanfälle?

- Sie sind frustriert, weil sie etwas nicht bekommen oder etwas nicht schaffen.
- Sie können ihre Emotionen noch nicht kontrollieren – ihr Gehirn ist dafür noch nicht ausgereift.
- Sie fühlen sich überfordert oder müde.
- Sie wollen Unabhängigkeit, aber sind gleichzeitig noch auf Hilfe angewiesen.

Wie kannst du dein Kind in einem Wutanfall begleiten?

✓ **Bleib ruhig** – Dein Kind spürt deine Emotionen. Wenn du ruhig bleibst, kann es sich schneller beruhigen.

✓ **Zeige Verständnis:** „Ich sehe, dass du gerade sehr wütend bist. Das ist okay."

✓ **Setze klare, aber liebevolle Grenzen:** „Ich verstehe, dass du das nicht magst, aber wir können nicht auf die Straße rennen."

✓ **Lass dein Kind seine Gefühle ausleben:** Manchmal hilft es, einfach nur da zu sein, bis sich dein Kind beruhigt.

✓ **Nach dem Wutanfall trösten:** Sobald sich dein Kind beruhigt hat, braucht es deine Nähe und Sicherheit.

🔔 Was du vermeiden solltest:

✗ Nicht schreien oder bestrafen – das verstärkt die Wut nur.

✗ Nicht sofort nachgeben – wenn dein Kind immer bekommt, was es will, lernt es nicht, mit Frustration umzugehen.

📌 **Wichtig:** Wutanfälle gehören zur Entwicklung dazu. Dein Kind lernt, mit Frustration umzugehen – eine Fähigkeit, die es ein Leben lang brauchen wird!

10.3 Geduld bewahren – Tipps für stressige Momente

Es gibt Tage, an denen dein Kind scheinbar ohne Grund trotzt. Vielleicht bist du müde, gestresst oder hast einfach keine Energie mehr für einen weiteren Wutanfall.

Wie kannst du in diesen Momenten ruhig bleiben?

✓ **Atme tief durch** – Drei tiefe Atemzüge helfen, dich zu sammeln.

✓ **Zähle innerlich bis zehn** – Das hilft, nicht impulsiv zu reagieren.

✓ **Erinnere dich: Es ist nur eine Phase!** – Auch wenn es jetzt anstrengend ist, wird es besser.

✓ **Mach eine kurze Pause, wenn nötig** – Falls du merkst, dass du wütend wirst, tritt kurz aus der Situation heraus.

💡 **Tipp:** Wenn dein Kind einen Wutanfall hat, stell dir vor, es wäre ein kleiner Erwachsener, der gerade mit starken Emotionen kämpft. Wie würdest du mit ihm sprechen? Diese Perspektive kann helfen, ruhig zu bleiben.

10.4 Liebevolle Konsequenz: Grenzen setzen

Kinder brauchen nicht nur Freiheit, sondern auch klare Regeln und Grenzen. Ohne Regeln fühlen sich Kinder unsicher – sie brauchen eine Struktur, an der sie sich orientieren können.

Wie setzt du liebevoll Grenzen?

✓ **Bleibe konsequent:** Wenn du einmal „Nein" sagst, dann bleib dabei.

✓ **Sei verständnisvoll:** Erkläre, warum eine Regel gilt („Wir halten an der Straße an, weil Autos gefährlich sind").

✓ **Vermeide zu viele Regeln auf einmal:** Setze nur Regeln, die wirklich wichtig sind.

✓ **Bleib ruhig und freundlich:** „Ich verstehe, dass du es möchtest, aber das geht jetzt nicht."

📌 **Wichtig:** Grenzen sind nicht dazu da, dein Kind zu ärgern – sie geben ihm Sicherheit.

10.5 Die Bedeutung von Wahlmöglichkeiten

💡 **Kleine Entscheidungen geben deinem Kind das Gefühl von Kontrolle.**

Anstatt dein Kind vor eine feste Entscheidung zu stellen („Zieh deine Schuhe an!"), kannst du es in den Prozess einbeziehen:

✓ „Möchtest du die roten oder die blauen Schuhe anziehen?"

✓ „Willst du zuerst die Zähne putzen oder zuerst den Schlafanzug anziehen?"

✓ „Magst du lieber Apfel oder Banane?"

📌 **Warum funktioniert das?**

- Dein Kind fühlt sich ernst genommen.

- Es kann seinen Willen ausdrücken, ohne zu trotzen.

- Es bekommt Selbstvertrauen in seine Entscheidungen.

⚠ **Aber Achtung:** Zu viele Entscheidungen können dein Kind überfordern. Wähle maximal zwei Alternativen!

Fazit: Die Trotzphase ist eine wichtige Lernzeit für dein Kind

Die Autonomiephase ist anstrengend, aber sie ist auch eine unglaublich wertvolle Zeit für dein Kind. Es lernt, seinen eigenen Willen zu entdecken, Grenzen zu testen und mit Frustration umzugehen.

💡 **Was du mitnehmen kannst:**

✓ Ein „Nein!" ist ein Zeichen von Entwicklung – dein Kind entdeckt seinen eigenen Willen.

✓ Wutanfälle sind normal und brauchen liebevolle Begleitung, keine Strafen.

✓ Geduld und Ruhe helfen dir, mit stressigen Momenten umzugehen.

✓ Grenzen geben deinem Kind Sicherheit – aber sie sollten klar und verständlich sein.

✓ Kleine Entscheidungen machen dein Kind selbstständiger und reduzieren Trotzverhalten.

Auch wenn diese Phase manchmal kräftezehrend ist – sie ist ein Zeichen dafür, dass dein Kind wächst, lernt und seine eigene Persönlichkeit entwickelt. Und am Ende ist das doch genau das, was wir uns als Eltern wünschen, oder? 🖤 💪

11. Das zweite Lebensjahr – Motorik und Bewegung

Mit dem zweiten Lebensjahr wird dein Kind immer aktiver und beweglicher. Es hat vielleicht gerade erst seine ersten Schritte gemacht oder flitzt schon sicher durch die Wohnung. Die Welt wird für dein Kleinkind jetzt zu einem riesigen Abenteuerspielplatz, den es mit Begeisterung erkundet.

In dieser Phase entwickelt dein Kind nicht nur seine Grobmotorik (Laufen, Klettern, Rennen), sondern auch seine Feinmotorik (Greifen, Dinge sortieren, Blätter umblättern). Gleichzeitig wächst sein Selbstbewusstsein – es will immer mehr Dinge **alleine** machen.

Wie kannst du dein Kind in dieser aufregenden Phase unterstützen? Welche Bewegungsformen sind jetzt besonders wichtig? Und wie gehst du mit den ersten Stürzen und kleineren Unfällen um?

11.1 Klettern, Rennen, Hüpfen – Das Kind in Bewegung

Vielleicht hast du schon bemerkt, dass dein Kind jetzt kaum noch stillsitzt. Wo es vorher noch vorsichtig war, wagt es nun immer mehr. Es läuft sicherer, beginnt zu rennen, klettert auf das Sofa oder probiert erste kleine Sprünge.

💡 **Typische motorische Entwicklungsschritte im zweiten Lebensjahr:**
✓ 12–15 Monate: Sicheres Gehen, erste Versuche zu rennen
✓ 16–18 Monate: Treppensteigen mit Festhalten, auf Möbel klettern
✓ 18–24 Monate: Hüpfen, rückwärtsgehen, Ball schießen

Diese Entwicklung ist wichtig, denn durch Bewegung stärkt dein Kind seine Muskeln, trainiert sein Gleichgewicht und lernt, sich selbst besser einzuschätzen.

Wie kannst du dein Kind dabei unterstützen?

- Ermutige es zum **freien Bewegen** – ohne Angst, aber mit Sicherheitsvorkehrungen.
- Lass es in der Natur laufen, auf Spielplätzen klettern und auf weichem Boden hüpfen.
- Spiele Bewegungsspiele wie „Fang mich" oder „Hüpf wie ein Hase".
- Baue kleine **Hindernisparcours** in der Wohnung mit Kissen und Matratzen.

📌 **Tipp:** Statt ständig „Vorsicht!" zu rufen, begleite dein Kind lieber aktiv und hilf ihm, seine Grenzen zu erkennen.

11.2 Warum Unfälle jetzt häufiger passieren

Mit wachsender Neugier und Beweglichkeit steigt auch das Unfallrisiko. Dein Kind versteht noch nicht, welche Gefahren es gibt – es sieht die Welt als einen großen Spielplatz.

💡 **Typische Unfälle in diesem Alter:**

- Stolpern und Hinfallen beim Laufenlernen

- Stürze vom Sofa oder Stühlen

- Kopfstoßen an Möbeln

- Finger einklemmen in Türen oder Schubladen

- Kleine Gegenstände in den Mund nehmen

Wie kannst du dein Zuhause kindersicher machen?

✓ **Ecken- und Kantenschutz** an scharfen Möbelkanten anbringen.
✓ **Treppenschutzgitter** anbringen, falls Treppen im Haus sind.
✓ **Steckdosen sichern** mit Kindersicherungen.
✓ **Möbel befestigen**, die kippen könnten (Regale, Kommoden).
✓ **Gefahrenbereiche absichern**, z. B. Küche oder Balkon gut im Auge behalten.

📌 **Wichtig:** Stürze gehören zur Entwicklung dazu. Dein Kind lernt daraus, seine Bewegungen besser zu kontrollieren. Nur wenn es ständig hinfällt oder sich häufig verletzt, solltest du genauer hinschauen.

11.3 Sicherheitsmaßnahmen für Zuhause

Kinder sind unglaublich schnell! Ein Moment der Unaufmerksamkeit, und schon ist dein Kind auf dem Couchtisch oder klettert auf einen Stuhl.

💡 **Diese Sicherheitsmaßnahmen helfen:**
✓ Stelle **Reinigungsmittel und Medikamente** außer Reichweite.
✓ Verzichte auf **lose Tischdecken**, die heruntergezogen werden können.
✓ Halte heiße Getränke außerhalb der Reichweite deines Kindes.
✓ **Lass dein Kind nicht unbeaufsichtigt in der Badewanne!**

⚠ **Wichtig:** Trotz aller Vorsicht – dein Kind soll weiterhin seine Umgebung erkunden dürfen. Übermäßige Verbote können dazu führen, dass es ängstlich wird.

11.4 Die ersten Laufrad- und Dreiradversuche

Viele Kinder interessieren sich jetzt für Laufräder oder Dreiräder. Diese Fahrzeuge sind eine tolle Möglichkeit, Gleichgewicht und Koordination zu trainieren.

💡 **Wann ist der richtige Zeitpunkt für ein Laufrad?**

- Meistens zwischen **18 und 24 Monaten**, wenn dein Kind sicher laufen kann.

- Es sollte die Füße fest auf den Boden setzen können, um sich abzustoßen.

- Es sollte genug Gleichgewicht haben, um nicht ständig umzukippen.

Vorteile des Laufrads:

✓ Fördert das Gleichgewicht und erleichtert später den Umstieg auf ein Fahrrad.

✓ Stärkt die Beinmuskulatur und die Koordination.

✓ Gibt dem Kind ein Gefühl von Unabhängigkeit und Geschwindigkeit.

📌 **Tipp:** Beginne mit einem Modell mit niedriger Sitzhöhe und stelle sicher, dass dein Kind einen **Helm** trägt.

11.5 Förderung der Feinmotorik im Alltag

Neben der Grobmotorik entwickelt sich nun auch die Feinmotorik deines Kindes. Es kann immer gezielter mit seinen Fingern arbeiten – das ist eine wichtige Vorbereitung auf spätere Fähigkeiten wie Malen, Schreiben und eigenständiges Essen.

💡 **Was kann dein Kind in diesem Alter schon?**

✓ Mit einem Löffel essen (auch wenn es noch kleckert)

✓ Mit Bausteinen Türme bauen

✓ Kleine Knöpfe drücken oder Spielzeuge gezielt greifen

✓ Seiten in einem Buch umblättern

Wie kannst du die Feinmotorik spielerisch fördern?

✓ **Lass dein Kind mit den Händen essen** – so trainiert es den Pinzettengriff (Daumen-Zeigefinger-Griff).

✓ **Gib ihm einfache Aufgaben** wie „Steck die Nudeln in die Flasche" oder „Sortiere die Farben".

✓ **Male mit Fingerfarben** oder lasse es mit Knete experimentieren.

✓ **Biete Steckspiele oder Puzzle** mit großen Teilen an.

📌 **Tipp:** Hab Geduld – dein Kind lernt durch Wiederholung. Es muss nicht „perfekt" sein, sondern Spaß haben!

Fazit: Dein Kind wird immer selbstständiger!

Das zweite Lebensjahr ist eine spannende Zeit: Dein Kind wird sicherer in seinen Bewegungen, entdeckt seine Umgebung mit neuer Begeisterung und möchte vieles selbst machen.

💡 **Was du mitnehmen kannst:**

✓ Dein Kind braucht **Bewegung** – ermutige es, zu rennen, zu klettern und zu hüpfen.

✓ Kleine **Stürze sind normal** – sie helfen deinem Kind, seine Grenzen zu erkennen.

✓ Ein **sicheres Zuhause** gibt deinem Kind die Möglichkeit, sich frei zu bewegen.

✓ **Laufräder und Dreiräder** sind großartige erste Fahrzeuge zur Förderung der Koordination.

✓ Die **Feinmotorik entwickelt sich** – einfache Spiele mit den Händen sind ideal.

Auch wenn dein Kind jetzt aktiver und selbstständiger wird – es wird immer wieder zu dir zurückkommen, um Sicherheit und Nähe zu suchen. Sei da, unterstütze es, aber lass ihm auch seinen Raum. Denn genau so lernt dein Kind am besten, selbstbewusst in die Welt hinauszugehen! 🚀 💕

12. Sprachentwicklung – Wie Kinder sprechen lernen

Die Sprache ist eines der faszinierendsten Werkzeuge, die dein Kind im Laufe seiner Entwicklung erlernt. Vom ersten Brabbeln über die ersten Wörter bis hin zu kleinen Gesprächen – die Sprachentwicklung im zweiten Lebensjahr ist rasant und voller Überraschungen.

Vielleicht hat dein Kind bereits „Mama" oder „Papa" gesagt oder beginnt, einzelne Wörter zu benutzen. Es versteht bereits viel mehr, als es selbst sagen kann, und nimmt täglich neue Begriffe auf. Doch wie genau entwickelt sich die Sprache? Was kannst du tun, um dein Kind spielerisch zu fördern? Und wann solltest du aufmerksam werden, wenn dein Kind noch nicht spricht?

In diesem Kapitel erfährst du alles über die spannende Sprachentwicklung deines Kindes.

12.1 Von Ein-Wort-Sätzen zu kleinen Gesprächen

In den ersten Monaten war dein Baby vor allem ein guter Zuhörer. Es hat deine Stimme erkannt und auf deine Worte reagiert. Doch jetzt geht es aktiv einen Schritt weiter: Es beginnt, eigene Worte zu bilden und erste kleine Sätze zu sprechen.

Typischer Sprachentwicklungsverlauf:
✓ **6–12 Monate:** Erste Silben („Ba-Ba", „Da-Da")
✓ **12–18 Monate:** Ein-Wort-Sätze („Ball", „Auto", „Wauwau")
✓ **18–24 Monate:** Zwei-Wort-Kombinationen („Mama komm", „mehr Banane")
✓ **24–30 Monate:** Erste kleine Sätze mit drei bis vier Wörtern („Ich will das haben").

Was passiert sprachlich im zweiten Lebensjahr?

- Dein Kind versteht bereits **viel mehr**, als es selbst sprechen kann.

- Es verbindet bekannte Wörter mit ihrer Bedeutung („Auto" = Fahrzeug draußen).

- Es beginnt, Wörter für Wünsche oder Beobachtungen zu nutzen.

- Die ersten Zwei-Wort-Kombinationen entstehen.

Wichtig: Jedes Kind entwickelt sich unterschiedlich! Manche Kinder sprechen mit 18 Monaten bereits viele Wörter, andere lassen sich bis zum dritten Geburtstag Zeit.

12.2 Warum dein Kind gerne nachplappert

Hast du schon bemerkt, dass dein Kind oft Wörter oder Töne nachahmt? Das Nachplappern ist ein wichtiger Teil der Sprachentwicklung.

Warum imitieren Kinder Sprache?
✓ Sprache ist ein soziales Werkzeug – dein Kind möchte mit dir kommunizieren.
✓ Es lernt durch Nachahmung – je mehr es hört, desto mehr speichert es.
✓ Es möchte sich mit dir verständigen und probiert neue Laute aus.

So kannst du dein Kind unterstützen:

- Sprich langsam und deutlich mit ihm.
- Wiederhole einfache Begriffe: „Ja, das ist ein Ball. Ein roter Ball."
- Vermeide „Babysprache" – nutze klare, einfache Wörter.
- Lobe dein Kind für seine Sprachversuche: „Ja, das hast du toll gesagt!"

📌 **Wichtig:** Dein Kind muss nicht perfekt sprechen – es lernt durch Versuch und Irrtum. Sei geduldig!

12.3 Bücher und Lieder zur Sprachförderung

Eine der besten Möglichkeiten, die Sprachentwicklung zu fördern, ist das Vorlesen und gemeinsames Singen.

📚 **Warum sind Bücher so wichtig?**
✓ Sie erweitern den Wortschatz deines Kindes.
✓ Dein Kind lernt neue Begriffe in einem Kontext.
✓ Es fördert die Aufmerksamkeit und das Zuhören.
✓ Gemeinsames Vorlesen stärkt die Bindung zwischen euch.

🎵 **Warum helfen Lieder?**
✓ Kinder lieben Wiederholungen – Lieder sind leicht zu merken.
✓ Reime und Melodien unterstützen das Sprachgefühl.
✓ Dein Kind lernt spielerisch neue Wörter.

Tipp: Welche Bücher eignen sich?

- **Pappbilderbücher** mit klaren Bildern und wenigen Wörtern.
- **Reime und Fingerspiele** („Backe, backe Kuchen").
- **Soundbücher**, die Geräusche nachahmen.

📌 **Tipp:** Dein Kind muss nicht alle Wörter verstehen – wichtig ist die gemeinsame Zeit mit dir!

12.4 Sprachverzögerungen erkennen und handeln

Jedes Kind hat sein eigenes Tempo beim Sprechenlernen. Während manche Kinder mit zwei Jahren bereits viele Wörter sprechen, nutzen andere erst wenige.

💡 **Wann solltest du aufmerksam werden?**
▶ Mit 18 Monaten: Dein Kind spricht **noch keine** Wörter.
▶ Mit 24 Monaten: Dein Kind spricht **weniger als 20 Wörter**.
▶ Mit 30 Monaten: Dein Kind spricht **keine Zwei-Wort-Sätze** („Papa komm").
▶ Dein Kind zeigt **kein Interesse an Sprache** (keine Gesten, keine Versuche zu sprechen).

📌 **Was tun, wenn dein Kind wenig spricht?**

- Sprich viel mit deinem Kind – beschreibe, was du tust („Ich schneide eine Banane").

- Nutze Bilderbücher und wiederhole Begriffe.

- Vermeide Druck – Sprache entwickelt sich spielerisch.

- Beobachte dein Kind – falls du dir Sorgen machst, sprich mit dem Kinderarzt.

📌 **Wichtig:** Manche Kinder sind „stille Beobachter" – sie hören lange zu und sprechen erst später.

12.5 Mehrsprachigkeit – Fluch oder Segen?

Viele Eltern fragen sich, ob ihr Kind verwirrt ist, wenn es mehrere Sprachen hört. Aber das Gegenteil ist der Fall! Mehrsprachigkeit ist ein Geschenk, das dein Kind sein Leben lang begleiten wird.

💡 **Wie lernen Kinder mehrere Sprachen?**

✓ Babys sind von Geburt an auf Mehrsprachigkeit vorbereitet.

✓ Sie können problemlos verschiedene Sprachen trennen.

✓ Kinder brauchen regelmäßig Kontakt mit jeder Sprache, um sie aktiv zu nutzen.

Tipps für mehrsprachige Erziehung:

- Eine klare Strategie wählen: **Eine Person – eine Sprache** (z. B. Mama spricht Deutsch, Papa Englisch).

- Alltagssituationen nutzen: Beim Essen, Spielen oder Spazierengehen in der jeweiligen Sprache sprechen.

- Lieder, Bücher und Spiele in verschiedenen Sprachen anbieten.

- Geduldig sein – manchmal mischen Kinder Wörter aus verschiedenen Sprachen (das ist normal!).

📌 **Wichtig:** Mehrsprachigkeit verzögert NICHT die Sprachentwicklung! Mehrsprachige Kinder beginnen oft erst später zu sprechen, holen aber schnell auf.

Fazit: Dein Kind auf dem Weg zur Sprache begleiten

Die Sprachentwicklung ist ein spannender Prozess, der von vielen kleinen Schritten geprägt ist. Manche Kinder sprechen früh, andere lassen sich Zeit – beides ist normal.

💡 **Was du mitnehmen kannst:**

✓ Dein Kind versteht viel mehr, als es sagen kann – sei geduldig!

✓ Wiederholungen helfen – sprich viel mit deinem Kind und nutze Bücher und Lieder.

✓ Nachahmung ist der Schlüssel – dein Kind lernt durch Zuhören.

✓ Sprachverzögerungen sind selten ein Grund zur Sorge – aber beobachte dein Kind.

✓ Mehrsprachigkeit ist ein Vorteil – nutze sie, wenn ihr mehrere Sprachen sprecht!

Das Schönste an der Sprachentwicklung? Der Moment, wenn dein Kind das erste Mal „Ich hab dich lieb" sagt. 👶 🤍

13. Sauberwerden – Ein großer Schritt zur Selbstständigkeit

Das Töpfchentraining ist ein bedeutender Entwicklungsschritt für dein Kind – und ein großes Thema für viele Eltern. Während einige Kinder scheinbar von selbst lernen, aufs Töpfchen zu gehen, brauchen andere viel länger und wollen partout nicht darauf sitzen.

Vielleicht fragst du dich: **Wann ist der richtige Zeitpunkt? Wie kann ich mein Kind unterstützen? Und wie vermeide ich Stress beim Sauberwerden?**

Die gute Nachricht: Jedes Kind wird irgendwann trocken. Der Prozess ist individuell und kann zwischen dem zweiten und vierten Lebensjahr unterschiedlich lange dauern. Wichtig ist, dass du geduldig bleibst und dein Kind liebevoll begleitest.

13.1 Wann ist der richtige Zeitpunkt?

Nicht jedes Kind ist im gleichen Alter bereit für das Töpfchentraining. Während manche schon mit 18 Monaten Interesse zeigen, sind andere erst mit drei oder vier Jahren soweit.

💡 **Anzeichen, dass dein Kind bereit ist:**

✓ Es kann seine Blase und seinen Darm besser kontrollieren (z. B. bleibt die Windel länger trocken).

✓ Es zeigt Interesse am Töpfchen oder der Toilette („Mama, was machst du da?").

✓ Es kann einfache Anweisungen verstehen („Setz dich aufs Töpfchen").

✓ Es sagt Bescheid, wenn die Windel nass oder schmutzig ist.

✓ Es mag die Windel nicht mehr und möchte „wie die Großen" sein.

📌 **Wichtig:** Das richtige Alter gibt es nicht – dein Kind bestimmt das Tempo!

13.2 Töpfchentraining ohne Stress

Das Wichtigste beim Sauberwerden ist eine entspannte Haltung. Je weniger Druck, desto leichter gelingt es.

🚽 **Wie kannst du dein Kind sanft ans Töpfchen gewöhnen?**

- Stelle ein **Töpfchen oder einen Toilettensitz** in Sichtweite (z. B. im Badezimmer).

- Lass dein Kind **mit Kleidung darauf sitzen**, um sich daran zu gewöhnen.

- Erkläre spielerisch, wofür das Töpfchen da ist.

- **Nachahmung hilft** – wenn dein Kind sieht, dass Mama oder Papa zur Toilette gehen, versteht es den Zusammenhang schneller.

- Lobe dein Kind, wenn es Interesse zeigt – aber übe keinen Druck aus!

📌 **Tipp:** Lies deinem Kind Bücher über das Töpfchen vor (z. B. „Conni geht aufs Töpfchen").

13.3 Nachtwindeln – Wann darauf verzichten?

Tagsüber trocken zu werden ist der erste Schritt – nachts ist es oft schwieriger. Manche Kinder brauchen noch lange eine Windel für die Nacht, weil sie im Schlaf ihre Blase nicht kontrollieren können.

💡 **Wann ist dein Kind bereit für die Nacht ohne Windel?**

✓ Die Windel ist morgens mehrere Tage hintereinander trocken.

✓ Dein Kind wacht nachts auf und sagt, dass es zur Toilette muss.

✓ Es kann tagsüber schon zuverlässig auf die Toilette gehen.

Tipps für trockenere Nächte:

✓ Lass dein Kind abends nochmal auf die Toilette gehen.

✓ Schütze die Matratze mit einem wasserdichten Schutzbezug.

✓ Wecke dein Kind nicht extra nachts – das bringt oft nichts.

📌 **Wichtig:** Es ist völlig normal, wenn Kinder noch bis zum fünften Lebensjahr gelegentlich ins Bett machen!

13.4 Missgeschicke gelassen meistern

Es wird immer wieder Unfälle geben – das gehört zum Lernprozess dazu!

💡 **Was tun, wenn mal etwas daneben geht?**

- **Ruhig bleiben!** Kein Kind macht absichtlich in die Hose.

- **Kein Schimpfen!** Negative Reaktionen können Ängste erzeugen.

- **Ermutige dein Kind:** „Das kann passieren. Beim nächsten Mal klappt es bestimmt."

- **Hab immer Ersatzkleidung dabei,** wenn ihr unterwegs seid.

📌 **Tipp:** Manchmal sind Rückfälle normal, z. B. bei Stress oder Veränderungen (Kindergartenstart, Geschwisterchen). Sei geduldig!

13.5 Belohnungssysteme: Ja oder Nein?

Viele Eltern überlegen, ob sie ihr Kind fürs Töpfchengehen belohnen sollen – zum Beispiel mit Stickern oder kleinen Überraschungen.

💡 **Pro Belohnungssystem:**

✓ Kann für manche Kinder eine zusätzliche Motivation sein.

✓ Gibt positive Verstärkung für kleine Erfolge.

✓ Macht das Ganze spielerischer.

🏵 **Contra Belohnungssystem:**

❌ Kann Druck aufbauen („Ich muss aufs Töpfchen, um etwas zu bekommen").

❌ Kann dazu führen, dass das Kind später nur noch mit Belohnung auf die Toilette geht.

📌 **Alternative:** Statt materieller Belohnungen lieber Lob und Ermutigung nutzen: „Super gemacht, ich bin stolz auf dich!"

Fazit: Dein Kind bestimmt das Tempo!

Sauberwerden ist ein natürlicher Prozess, der Zeit braucht. Manche Kinder sind mit zwei Jahren trocken, andere mit vier – und das ist völlig okay!

🏵 **Was du mitnehmen kannst:**

✓ Kein Stress – jedes Kind wird irgendwann trocken.

✓ Achte auf Anzeichen, dass dein Kind bereit ist.

✓ Töpfchentraining sollte spielerisch und ohne Druck ablaufen.

✓ Nachtwindeln sind oft noch länger nötig – Geduld hilft.

✓ Missgeschicke sind normal und gehören zum Lernprozess.

Mit einer entspannten Haltung und liebevoller Begleitung wird dein Kind das Sauberwerden meistern – in seinem eigenen Tempo! 🚽 💗

14. Der Eintritt in die Kita – Eine neue Welt

Der Kita-Start ist ein großer Meilenstein – sowohl für dein Kind als auch für dich als Elternteil. Plötzlich ist dein Kind nicht mehr rund um die Uhr bei dir, sondern verbringt Zeit mit neuen Menschen, lernt andere Kinder kennen und entdeckt eine völlig neue Umgebung.

Während einige Kinder voller Freude in den Kindergarten starten, brauchen andere mehr Zeit, um sich an die neue Situation zu gewöhnen. Vielleicht machst du dir Gedanken: **Wie wird mein Kind sich einfügen? Wird es weinen, wenn ich gehe? Was kann ich tun, um den Übergang sanfter zu gestalten?**

In diesem Kapitel erfährst du, wie du die richtige Kita findest, welche Eingewöhnungsmethoden es gibt und wie du dein Kind (und dich selbst) auf diesen großen Schritt vorbereitest.

14.1 Die richtige Kita finden

Nicht jede Kita passt zu jedem Kind – deshalb lohnt es sich, frühzeitig nach der passenden Einrichtung zu suchen.

🏵 **Worauf solltest du bei der Wahl der Kita achten?**

✓ **Pädagogisches Konzept:** Ist es eine klassische Kita, eine Montessori- oder Waldorf-Einrichtung?

✓ **Betreuungszeiten:** Sind die Zeiten mit deinem Alltag vereinbar?

✓ **Gruppengröße und Betreuungsschlüssel:** Wie viele Kinder kommen auf eine Fachkraft?

✓ **Eingewöhnungskonzept:** Wird auf eine sanfte Eingewöhnung Wert gelegt?

✓ **Atmosphäre:** Fühlt sich die Kita warm und einladend an?

📌 **Tipp:** Besuche die Kita gemeinsam mit deinem Kind und beobachte, wie es auf die Umgebung reagiert.

14.2 Die sanfte Eingewöhnung

Der erste Schritt in die Kita ist die **Eingewöhnungsphase**. Sie hilft deinem Kind, sich langsam an die neue Umgebung, die Erzieher*innen und die anderen Kinder zu gewöhnen.

Welche Eingewöhnungsmethoden gibt es?

1️⃣ **Berliner Modell** (häufigste Methode):

- **Tag 1–3:** Du bleibst mit deinem Kind in der Kita, es erkundet die Umgebung.

- **Tag 4:** Erster kurzer Trennungsversuch (10–15 Minuten).

- **Tag 5–10:** Die Trennungszeit wird je nach Reaktion deines Kindes langsam verlängert.

2️⃣ **Münchener Modell:**

- Langsamere Eingewöhnung, bei der die Bedürfnisse des Kindes stark berücksichtigt werden.

- Das Kind bestimmt das Tempo der Trennung.

📌 **Wichtig:** Eine gute Eingewöhnung dauert je nach Kind 2–6 Wochen.

14.3 Trennungsängste bewältigen

Viele Kinder weinen anfangs, wenn sie in der Kita bleiben sollen – und das ist völlig normal! Sie müssen erst lernen, dass du zwar gehst, aber immer wiederkommst.

Wie kannst du Trennungsängste lindern?

✓ **Kurze, liebevolle Verabschiedung:** Vermeide langes Zögern oder Zurückgehen.

✓ **Rituale schaffen:** Ein Abschiedskuss, eine Umarmung oder ein kleines „Tschüss-Ritual" hilft deinem Kind.

✓ **Vertrauen zeigen:** Wenn du sicher wirkst, spürt dein Kind, dass alles in Ordnung ist.

✓ **Ein Kuscheltier oder Tuch mitgeben:** Ein vertrauter Gegenstand kann Trost spenden.

📌 **Tipp:** Auch du wirst die Trennung spüren – das ist ganz normal! Bleib positiv und vertraue darauf, dass dein Kind seinen Platz in der Kita finden wird.

14.4 Erste Freundschaften schließen

In der Kita wird dein Kind zum ersten Mal regelmäßig mit anderen Kindern interagieren. Doch Freundschaften entwickeln sich langsam – viele Kinder spielen in diesem Alter noch nebeneinander her (Parallelspiel).

💡 Was passiert in dieser Phase?

✓ Erstes Interesse an anderen Kindern („Das ist mein Freund!").
✓ Erste soziale Konflikte (Spielzeug wegnehmen, Streit um Plätze).
✓ Entwicklung von Empathie – das Kind lernt, sich in andere hineinzuversetzen.

📌 Wie kannst du soziale Fähigkeiten fördern?

- Spiele mit deinem Kind Rollenspiele („Was tun, wenn jemand traurig ist?").
- Fördere gemeinsame Aktivitäten mit anderen Kindern (Spielplatzbesuche).
- Sprich über Gefühle: „Wie fühlt sich dein Freund, wenn du ihm das Spielzeug wegnimmst?"

14.5 Kita-Krankheiten und Immunsystem stärken

„Seit mein Kind in die Kita geht, ist es ständig krank!" – diesen Satz kennen viele Eltern. Tatsächlich begegnet dein Kind in der Kita zahlreichen neuen Keimen, die sein Immunsystem herausfordern.

💡 Typische Kita-Krankheiten:

✓ Erkältungen (Husten, Schnupfen, Fieber)
✓ Magen-Darm-Infekte
✓ Hand-Fuß-Mund-Krankheit
✓ Bindehautentzündung

📌 Wie kannst du das Immunsystem deines Kindes stärken?

✓ Viel frische Luft und Bewegung draußen.
✓ Ausgewogene Ernährung mit viel Obst und Gemüse.
✓ Ausreichend Schlaf und Entspannung.
✓ Regelmäßiges Händewaschen.

⚠ **Wichtig:** Ein starkes Immunsystem entwickelt sich erst mit der Zeit. Dass dein Kind in der Kita oft krank wird, ist normal – später in der Schule wird es dafür robuster sein!

Fazit: Der Kita-Start ist eine große Veränderung – für alle!

Der Eintritt in die Kita ist ein großer Schritt in Richtung Selbstständigkeit. Dein Kind lernt neue Menschen kennen, macht erste soziale Erfahrungen und entdeckt eine neue Welt voller Abenteuer.

💡 Was du mitnehmen kannst:

✓ Eine sorgfältige Wahl der Kita ist wichtig – dein Kind soll sich wohlfühlen.
✓ Die Eingewöhnung braucht Zeit – sei geduldig.
✓ Trennungsängste sind normal – liebevolle Rituale helfen.
✓ Erste Freundschaften entwickeln sich langsam – unterstütze dein Kind dabei.
✓ Kita-Krankheiten gehören dazu – das Immunsystem muss erst lernen.

Auch wenn der Kita-Start herausfordernd sein kann – bald wird dein Kind mit leuchtenden Augen nach Hause kommen und begeistert erzählen, was es erlebt hat! 🤍 🏠 ✨

15. Geschwisterliebe – Vom Einzelkind zum großen Bruder oder zur großen Schwester

Die Ankunft eines neuen Geschwisterchens ist ein bedeutendes Ereignis für die ganze Familie – besonders für das ältere Kind. Während Eltern sich über den Familienzuwachs freuen, erlebt das erstgeborene Kind die Situation oft anders: Plötzlich muss es Mama und Papa teilen, bekommt weniger Aufmerksamkeit und sieht sich mit einem völlig neuen Familiengefüge konfrontiert.

Diese Veränderung kann viele Emotionen auslösen – von Neugier und Stolz bis hin zu Eifersucht und Unsicherheit. Doch keine Sorge: Mit der richtigen Vorbereitung und viel Liebe kannst du deinem Kind helfen, sich in die neue Rolle als großer Bruder oder große Schwester einzufinden.

15.1 Wie du dein Kind auf ein Geschwisterchen vorbereitest

Je früher du dein Kind auf das neue Baby vorbereitest, desto besser kann es sich auf die Veränderungen einstellen.

💡 **Tipps zur Vorbereitung:**

✓ **Erkläre altersgerecht, was passiert:** „Bald bekommst du ein Geschwisterchen. Es wächst gerade in Mamas Bauch."

✓ **Beziehe dein Kind mit ein:** Lass es den Babybauch streicheln oder Ultraschallbilder anschauen.

✓ **Erzähle Geschichten über Geschwister:** Bücher helfen, das Konzept verständlicher zu machen.

✓ **Verändere Routinen frühzeitig:** Falls dein Kind bald ein neues Zimmer bekommt oder weniger getragen wird, gewöhne es langsam daran.

✓ **Mach das große Geschwisterchen stolz:** „Du wirst ein großer Bruder / eine große Schwester sein – das ist etwas ganz Besonderes!"

📌 **Tipp:** Stelle sicher, dass dein Kind nicht das Gefühl bekommt, dass das Baby „wichtiger" ist. Es braucht weiterhin viel Aufmerksamkeit und Liebe.

15.2 Eifersucht verstehen und begleiten

Es ist ganz normal, dass ein älteres Kind eifersüchtig auf das Baby ist – schließlich muss es seine Eltern nun teilen. Manche Kinder reagieren mit Rückzug, andere mit Wut oder fordern plötzlich wieder mehr Aufmerksamkeit.

Wie zeigt sich Eifersucht?

- Dein Kind wird anhänglicher und fordert mehr Kuscheleinheiten.

- Es verhält sich wieder wie ein Baby (möchte getragen werden, spricht wie ein Kleinkind).

- Es ärgert oder ignoriert das Baby.

- Es sucht Aufmerksamkeit – manchmal auch mit Wutanfällen.

Was hilft bei Eifersucht?

✓ **Gib deinem Kind Exklusivzeit:** Plane bewusste Momente nur mit dem großen Geschwisterkind.

✓ **Lobe positives Verhalten:** „Du hast so lieb mit dem Baby gespielt – das freut mich sehr!"

✓ **Beziehe es aktiv mit ein:** „Kannst du mir helfen, das Baby zu wickeln?"

✓ **Zeige Verständnis für seine Gefühle:** „Ich verstehe, dass du manchmal traurig bist, weil Mama sich um das Baby kümmern muss."

📌 **Wichtig:** Dein Kind darf auch mal genervt oder wütend auf das Baby sein – das ist normal! Hilf ihm, mit diesen Gefühlen umzugehen, ohne es zu bestrafen.

15.3 Zeit für jedes Kind: Der Balanceakt

Eines der größten Herausforderungen für Eltern mit mehreren Kindern ist es, jedem Kind gerecht zu werden. Das ältere Kind soll sich nicht vernachlässigt fühlen, während das Baby natürlich viel Aufmerksamkeit braucht.

💡 **Tipps für eine gute Balance:**

✓ **Plane Exklusivzeit für das große Kind ein** – auch wenn es nur 10 Minuten am Tag sind.

✓ **Lass dein Kind „Großes-Geschwister"-Aufgaben übernehmen** (z. B. eine Windel holen oder beim Anziehen helfen).

✓ **Vermeide Vergleiche:** „Dein Bruder kann das schon, warum kannst du das nicht?" – das kann zu Frustration führen.

✓ **Achte auf deine Wortwahl:** Statt „Ich kann nicht, weil das Baby Hunger hat" lieber „Ich mache das Baby kurz fertig, dann spielen wir."

📌 **Tipp:** Wenn du dein Kind lobst, dann nicht auf Kosten des Babys („Du bist viel braver als dein Bruder"), sondern ganz unabhängig davon.

15.4 Geschwisterstreit und Versöhnung lernen

Streit zwischen Geschwistern ist unvermeidbar – aber er ist auch ein wichtiger Teil der sozialen Entwicklung. Dein Kind lernt dabei, Konflikte zu lösen, zu verhandeln und sich durchzusetzen.

💡 **Typische Streitthemen unter Geschwistern:**

✓ Spielsachen („Das ist meins!")

✓ Aufmerksamkeit der Eltern („Mama, du kümmerst dich nur ums Baby!")

✓ Körperlicher Kontakt (z. B. das Baby zieht dem großen Geschwisterkind an den Haaren).

Wie kannst du mit Geschwisterstreit umgehen?

✓ **Bleib ruhig und objektiv** – schreie nicht und ergreife keine Partei.

✓ **Hilf deinem Kind, seine Gefühle zu benennen:** „Ich sehe, dass du sauer bist, weil dein Bruder dein Spielzeug genommen hat."

✓ **Unterstütze, aber löse den Streit nicht sofort:** „Wie könnt ihr das Problem lösen?"

✓ **Vermittle, wenn nötig:** „Du kannst mit dem Auto spielen und danach gibst du es deiner

Schwester."
✓ **Bringe keine ständigen Vergleiche ins Spiel** („Deine Schwester ist aber viel netter als du!").

📌 **Tipp:** Geschwister lernen durch Streits, wie man sich behauptet – solange es nicht unfair oder verletzend wird, dürfen sie ruhig mal streiten.

15.5 Gemeinsame Rituale für Geschwisterbindung

Auch wenn es manchmal zu Konflikten kommt – Geschwister können ein wunderbares Team werden. Gemeinsame Rituale helfen, die Bindung zwischen den Kindern zu stärken.

Schöne Rituale für Geschwister:

✓ **Gute-Nacht-Geschichten zusammen lesen** – das stärkt die Verbindung.
✓ **„Nur wir zwei"-Tage** – besondere Ausflüge nur mit Mama oder Papa.
✓ **Tägliche Umarmung oder Begrüßungsritual** – zum Beispiel ein High-Five oder ein kleines Lied.
✓ **Spiele, bei denen sie zusammenarbeiten müssen** – z. B. Puzzle oder Bauklötze.
✓ **Geschichten über Geschwister vorlesen** – das hilft, die Rolle des „großen Bruders" oder der „großen Schwester" besser anzunehmen.

📌 **Tipp:** Kein Kind sollte sich verpflichtet fühlen, das Baby ständig zu lieben – aber gemeinsame Rituale können die Bindung fördern.

Fazit: Geschwisterliebe wächst mit der Zeit

Ein neues Geschwisterchen zu bekommen, ist eine große Veränderung für das ältere Kind. Eifersucht, Streit und Frust sind dabei ganz normal – doch mit Geduld und liebevoller Begleitung kann eine enge Geschwisterbindung entstehen.

💡 **Was du mitnehmen kannst:**
✓ Bereite dein Kind frühzeitig auf das Baby vor.
✓ Eifersucht ist normal – gib deinem Kind weiterhin viel Aufmerksamkeit.
✓ Vermeide Vergleiche und schaffe Exklusivzeit für jedes Kind.
✓ Streit ist ein wichtiger Lernprozess – vermittle, aber löse nicht alles für sie.
✓ Gemeinsame Rituale helfen, die Geschwisterbindung zu stärken.

Auch wenn der Start manchmal holprig ist: Mit der Zeit werden deine Kinder nicht nur Geschwister, sondern vielleicht beste Freunde fürs Leben. 🖤 👶 🧑

---

16. Das dritte Jahr – Die Welt mit neuen Augen sehen

Mit dem dritten Geburtstag beginnt eine aufregende Phase in der Entwicklung deines Kindes. Es wird immer selbstständiger, stellt unzählige Fragen und möchte die Welt mit eigenen Augen entdecken. Der berühmte Satz **„Warum?"** wird zu einem ständigen Begleiter, denn dein Kind entwickelt jetzt ein tiefes Interesse daran, Zusammenhänge zu verstehen.

In diesem Alter zeigen Kinder oft eine Mischung aus Neugier, Kreativität und manchmal auch Trotz. Sie möchten Dinge alleine tun, brauchen aber gleichzeitig noch die Sicherheit der Eltern. Emotionen spielen eine große Rolle, und oft durchleben Kinder in diesem Alter intensive Gefühlsschwankungen.

Wie kannst du dein Kind in dieser Phase unterstützen? Welche Entwicklungsschritte stehen bevor? Und wie gehst du am besten mit der endlosen „Warum"-Fragenflut um?

16.1 Warum dein Kind plötzlich alles hinterfragt

Die Phase der „Warum-Fragen" ist ein Zeichen für die kognitive Entwicklung deines Kindes. Es beginnt zu verstehen, dass die Welt nach bestimmten Regeln funktioniert und will diese Regeln ergründen.

💡 Warum fragt dein Kind so viel?

✓ Es möchte Ursache und Wirkung verstehen („Warum regnet es?").

✓ Es interessiert sich für Zusammenhänge („Warum muss ich schlafen?").

✓ Es entdeckt neue Konzepte („Warum ist der Himmel blau?").

✓ Es testet, wie weit es mit Fragen gehen kann („Warum darf ich das nicht?").

Wie kannst du auf die „Warum"-Fragen reagieren?

✓ **Nimm die Fragen ernst:** Dein Kind fragt nicht aus Langeweile, sondern weil es wirklich neugierig ist.

✓ **Erkläre kindgerecht:** Einfache Antworten reichen oft aus („Der Himmel ist blau, weil das Sonnenlicht in der Luft gebrochen wird.").

✓ **Gib dein Wissen weiter, aber überfordere nicht:** „Das ist eine spannende Frage! Lass uns gemeinsam nachsehen."

✓ **Manchmal ist ein Gegenfrage spannend:** „Was denkst du denn, warum die Katze miaut?"

📌 **Tipp:** Wenn die Fragenflut dich überfordert, bleib ruhig. Dein Kind nimmt dein Interesse wahr – und genau das ist es, was zählt.

16.2 Fantasie und Rollenspiele fördern

In diesem Alter wird die Fantasie deines Kindes immer ausgeprägter. Plötzlich wird ein Karton zum Raumschiff, ein Stock zum Zauberstab und das Sofa zur Ritterburg.

💡 Warum ist Fantasie wichtig?

✓ Sie hilft, die Welt zu verstehen und nachzuspielen.

✓ Sie fördert Kreativität und Problemlösungsfähigkeiten.

✓ Sie ermöglicht es, Gefühle auszudrücken.

So kannst du die Fantasie deines Kindes unterstützen:

✓ **Lass dein Kind frei spielen** – ohne zu viele Vorgaben.

✓ **Biete Materialien für Rollenspiele an:** Verkleidungssachen, Kuscheltiere, Puppen oder Bauklötze.

✔ **Spiele aktiv mit:** Setze dich dazu, ohne zu bestimmen, wohin das Spiel geht.

✔ **Lies fantasievolle Geschichten vor** und lass dein Kind die Geschichte weiterspinnen.

📌 **Tipp:** Rollenspiele sind nicht nur Spaß, sondern auch wichtig für die soziale und emotionale Entwicklung deines Kindes.

16.3 Die ersten Ängste – Monster unter dem Bett?

Mit drei Jahren beginnen viele Kinder, Ängste zu entwickeln. Plötzlich fürchtet sich dein Kind vor dunklen Räumen, Geistern oder lauten Geräuschen.

💡 **Typische Ängste in diesem Alter:**

✔ Dunkelheit oder Schatten

✔ Trennung von den Eltern

✔ Laute Geräusche (z. B. Gewitter oder Staubsauger)

✔ Monster oder Gespenster

Wie kannst du deinem Kind helfen?

✔ **Nimm die Angst ernst:** Sag nicht „Das ist doch Quatsch", sondern „Ich verstehe, dass du dich fürchtest."

✔ **Biete Sicherheit:** „Ich bin da, du bist sicher."

✔ **Lass dein Kind Ängste spielerisch überwinden:** Zeichne das Monster und „verjage" es gemeinsam.

✔ **Nutze Routinen:** Ein Nachtlicht oder eine Gute-Nacht-Geschichte kann helfen, die Angst vor dem Dunkeln zu mindern.

📌 **Wichtig:** Ängste sind ein Zeichen für eine wachsende Vorstellungskraft – das ist völlig normal!

16.4 Emotionale Intelligenz stärken

Dreijährige Kinder haben oft starke Emotionen – von himmelhoch jauchzend bis zu Wutausbrüchen in wenigen Sekunden. Die Herausforderung: Sie können diese Gefühle noch nicht richtig steuern.

💡 **Wie kannst du dein Kind emotional begleiten?**

✔ **Hilf ihm, Gefühle zu benennen:** „Bist du traurig, weil dein Turm umgefallen ist?"

✔ **Zeige, dass alle Emotionen erlaubt sind:** „Es ist okay, wütend zu sein. Aber wir hauen niemanden."

✔ **Biete eine Möglichkeit, Emotionen zu verarbeiten:** Malen, Kneten oder Kuscheln helfen oft.

✔ **Zeige Vorbilder:** Dein Kind lernt durch Nachahmung, wie du mit Gefühlen umgehst.

📌 **Tipp:** Geduld ist der Schlüssel – dein Kind lernt gerade, mit großen Emotionen umzugehen.

16.5 Warum „Ich kann das alleine!" so wichtig ist

Mit drei Jahren kommt der Drang zur Selbstständigkeit. Dein Kind möchte Dinge alleine machen – auch wenn es länger dauert oder schiefgeht.

💡 Warum ist Selbstständigkeit so wichtig?

✓ Sie stärkt das Selbstbewusstsein.

✓ Sie gibt deinem Kind ein Gefühl von Kontrolle.

✓ Sie hilft, Frustrationstoleranz zu entwickeln.

Wie kannst du dein Kind ermutigen?

✓ **Lass es selbst Dinge ausprobieren:** Auch wenn das Hemd falsch herum sitzt – das ist okay!

✓ **Gib klare, einfache Anweisungen:** „Du kannst die Schuhe anziehen, ich helfe dir mit den Schnürsenkeln."

✓ **Lobe den Prozess, nicht nur das Ergebnis:** „Du hast es versucht, das ist super!"

✓ **Vermeide zu schnelles Eingreifen:** Wenn dein Kind sich selbst helfen kann, fördert das seine Unabhängigkeit.

📌 **Tipp:** Geduld ist gefragt – es kann sein, dass dein Kind 10 Minuten braucht, um seine Jacke anzuziehen. Aber diese Übung ist wichtig!

Fazit: Dein Kind wird immer neugieriger und selbstständiger!

Das dritte Lebensjahr ist eine Zeit voller Fragen, Emotionen und Fantasie. Dein Kind entdeckt die Welt auf neue Weise und lernt, immer selbstständiger zu werden.

💡 Was du mitnehmen kannst:

✓ Die „Warum"-Phase ist ein Zeichen von kognitiver Entwicklung – bleib geduldig.

✓ Rollenspiele und Fantasiewelten sind wichtig für die Kreativität deines Kindes.

✓ Ängste sind normal – nimm sie ernst und biete Sicherheit.

✓ Emotionen können stark sein – hilf deinem Kind, sie zu benennen.

✓ Der Wunsch nach Selbstständigkeit ist wichtig – lass dein Kind Dinge ausprobieren.

Auch wenn es manchmal anstrengend ist – diese Phase ist unglaublich wertvoll. Dein Kind entwickelt seine eigene Persönlichkeit, lernt die Welt zu verstehen und entdeckt, dass es selbst vieles beeinflussen kann. Genieße diese aufregende Zeit! 🩶 ✨

17. Der Umgang mit Gefühlen – Wut, Trauer, Freude

Das dritte Lebensjahr ist eine emotionale Achterbahnfahrt: Dein Kind erlebt Freude, Wut, Trauer, Stolz, Frustration – und oft alles an einem Tag. Während es in den ersten beiden Lebensjahren vor allem auf unmittelbare Bedürfnisse (Hunger, Müdigkeit, Nähe) reagiert hat, beginnt es nun, Gefühle bewusster wahrzunehmen.

Doch obwohl dein Kind Emotionen spürt, kann es sie noch nicht richtig benennen oder kontrollieren. Das kann zu Wutausbrüchen, plötzlichem Weinen oder intensiven Freudenausdrücken führen. Deine Aufgabe als Elternteil ist es, dein Kind durch diese emotionale Entwicklung zu begleiten und ihm zu helfen, mit seinen Gefühlen umzugehen.

Wie kannst du dein Kind unterstützen? Wie kannst du starke Emotionen begleiten, ohne sie zu unterdrücken? Und wie kannst du deinem Kind helfen, Empathie für andere zu entwickeln?

17.1 Warum Kleinkinder oft frustriert sind

Frustration gehört zur Entwicklung dazu – besonders im dritten Lebensjahr. Dein Kind möchte vieles selbst machen, stößt aber oft auf Grenzen.

Warum wird dein Kind so schnell frustriert?

✓ Es kann noch nicht alles so, wie es möchte (z. B. Schuhe binden, Puzzle lösen).

✓ Es hat einen starken Willen, aber nicht immer die Fähigkeiten, ihn umzusetzen.

✓ Es kann seine Emotionen noch nicht regulieren – kleine Rückschläge fühlen sich für dein Kind wie große Krisen an.

✓ Es versteht noch nicht, dass manche Dinge Zeit brauchen.

Beispiel: Dein Kind möchte alleine seinen Reißverschluss schließen, aber es klappt nicht. Es wirft die Jacke frustriert auf den Boden und schreit.

Wie kannst du helfen?

✓ **Zeige Verständnis:** „Das ist echt schwierig, oder? Ich helfe dir ein bisschen."

✓ **Gib kleine Hilfestellungen, aber löse nicht alles:** Lass dein Kind es weiter versuchen.

✓ **Bleib ruhig:** Dein Kind spiegelt deine Reaktion – je ruhiger du bleibst, desto schneller beruhigt es sich.

Tipp: Frustrationstoleranz ist eine wichtige Fähigkeit – je mehr dein Kind übt, mit Rückschlägen umzugehen, desto besser kann es später Herausforderungen meistern.

17.2 Wie Eltern richtig trösten

Manchmal weint dein Kind aus scheinbar nichtigen Gründen – weil eine Banane in zwei Hälften gebrochen ist oder weil es den falschen Teller bekommen hat. Für uns Erwachsene sind das Kleinigkeiten, aber für dein Kind können sie große Emotionen auslösen.

Warum weint dein Kind so intensiv?

✓ Sein Gehirn verarbeitet Emotionen noch anders – sie kommen ungefiltert heraus.

✓ Es kann seine Gefühle noch nicht in Worte fassen.

✓ Es spürt den Schmerz oder die Enttäuschung viel unmittelbarer als Erwachsene.

Wie kannst du dein Kind trösten?

✓ **Nimm die Gefühle ernst:** „Ich sehe, dass du traurig bist, weil dein Turm umgefallen ist."

✓ **Biete Körperkontakt an:** Manche Kinder brauchen eine Umarmung oder einfach nur Nähe.

✓ **Vermeide Ablenkung oder Bagatellisierung:** „Ach, das ist doch nicht schlimm!" signalisiert, dass seine Gefühle nicht wichtig sind.

✓ **Benenne die Emotion:** „Du bist gerade wütend, weil du noch spielen wolltest."

📌 **Wichtig:** Dein Kind muss nicht sofort aufhören zu weinen – es soll lernen, dass alle Gefühle erlaubt sind.

17.3 Freude ausdrücken und teilen lernen

Freude ist eine der schönsten Emotionen – und dein Kind wird immer bewusster lernen, diese zu zeigen und zu teilen.

💡 **Wie zeigt dein Kind Freude?**

✓ Es lacht laut und ansteckend.

✓ Es springt auf und ab, klatscht oder umarmt dich.

✓ Es erzählt begeistert von Erlebnissen („Mama, schau mal!").

Wie kannst du diese Freude unterstützen?

✓ **Feiere die Erfolge deines Kindes mit ihm!** „Wow, du hast das Puzzle alleine geschafft!"

✓ **Lerne, dich über Kleinigkeiten zu freuen – Kinder sehen die Magie im Alltag.**

✓ **Teile deine eigene Freude mit deinem Kind – es lernt durch Nachahmung.**

✓ **Hilf deinem Kind, Freude mit anderen zu teilen:** „Möchtest du Oma von deinem tollen Bild erzählen?"

📌 **Tipp:** Freude wird größer, wenn man sie teilt – bestärke dein Kind darin!

17.4 Wutanfälle begleiten, ohne zu bestrafen

Wut ist eine der herausforderndsten Emotionen für Eltern. Ein Wutanfall kann laut, intensiv und unberechenbar sein – doch er ist für dein Kind ein wichtiges Mittel, um mit Frustration umzugehen.

💡 **Warum haben Kinder Wutanfälle?**

✓ Sie sind überfordert mit einer Situation (z. B. weil sie nicht bekommen, was sie wollen).

✓ Sie haben starke Emotionen, können sie aber noch nicht kontrollieren.

✓ Sie sind müde, hungrig oder reizüberflutet.

Wie kannst du bei einem Wutanfall reagieren?

✓ **Bleib ruhig:** Auch wenn dein Kind schreit – bewahre deine Gelassenheit.

✓ **Sage ihm, dass seine Gefühle okay sind:** „Ich sehe, dass du wütend bist."

✓ **Biete eine Beruhigungsmöglichkeit an:** Manche Kinder wollen in den Arm genommen werden, andere brauchen Raum.

✓ **Vermeide Strafen oder Bestrafung:** „Wenn du nicht aufhörst, gehst du ins Zimmer!" signalisiert, dass Wut nicht erlaubt ist.

📌 **Tipp:** Ein Wutanfall ist keine Manipulation – dein Kind kann seine Emotionen einfach noch nicht anders ausdrücken.

17.5 Die Bedeutung von Routinen für emotionale Sicherheit

Kinder brauchen Struktur, um sich sicher zu fühlen – besonders, wenn es um starke Emotionen geht.

💡 Warum helfen Routinen?

✓ Sie geben Sicherheit: Das Kind weiß, was als Nächstes passiert.

✓ Sie reduzieren Stress: Weniger Überraschungen = weniger Frust.

✓ Sie helfen, Emotionen zu regulieren: Klare Abläufe erleichtern es, mit Gefühlen umzugehen.

Beispiele für hilfreiche Routinen:

✓ **Morgenritual:** Immer in der gleichen Reihenfolge aufstehen, anziehen, frühstücken.

✓ **Einschlafritual:** Buch lesen, Licht dimmen, leise Musik oder ein Kuscheltier zur Beruhigung.

✓ **„Ruheinseln" schaffen:** Ein Platz, an dem dein Kind sich beruhigen kann, wenn es zu viel wird.

📌 **Tipp:** Dein Kind braucht das Gefühl, dass seine Emotionen gesehen werden – aber es hilft, wenn es weiß, was als Nächstes kommt.

Fazit: Emotionen sind ein wichtiger Teil der Entwicklung

Im dritten Lebensjahr lernt dein Kind, mit Emotionen umzugehen – ein Prozess, der Zeit und Unterstützung braucht.

💡 Was du mitnehmen kannst:

✓ Frustration ist normal – sie hilft deinem Kind, Herausforderungen zu meistern.

✓ Tröste dein Kind, ohne seine Gefühle kleinzureden.

✓ Freude wird größer, wenn sie geteilt wird – feiere die Erfolge deines Kindes!

✓ Wutanfälle sind kein böses Verhalten – sie sind Ausdruck starker Gefühle.

✓ Routinen helfen deinem Kind, sich sicher zu fühlen und mit Emotionen umzugehen.

Auch wenn es manchmal anstrengend ist – dein Kind macht gerade riesige Fortschritte in seiner emotionalen Entwicklung. Mit deiner liebevollen Unterstützung wird es lernen, seine Gefühle zu verstehen und zu steuern. 🩶

---

18. Ernährung im Kleinkindalter – Gesunde Essgewohnheiten entwickeln

Mit dem dritten Lebensjahr isst dein Kind nicht mehr nur Milch oder Brei – es nimmt aktiv an den Familienmahlzeiten teil und entwickelt eigene Vorlieben (und Abneigungen!). Vielleicht hast du bereits festgestellt, dass dein Kind plötzlich nur noch Nudeln ohne Soße essen will oder Gemüse verweigert.

Essen ist weit mehr als reine Nahrungsaufnahme: Es bedeutet Gemeinschaft, Genuss, aber manchmal auch Konflikte. Dein Kind lernt jetzt, mit Besteck umzugehen, unterschiedliche Geschmäcker zu entdecken und seinen eigenen Willen auszudrücken.

Wie kannst du gesunde Essgewohnheiten fördern, ohne Stress am Esstisch zu haben? Was tun, wenn dein Kind mäkelig ist? Und wie sieht eine ausgewogene Ernährung für Kleinkinder aus?

18.1 Warum Kinder manchmal mäkelig sind

Viele Kleinkinder haben Phasen, in denen sie plötzlich bestimmte Lebensmittel ablehnen oder nur ein einziges Gericht essen wollen.

Warum sind Kleinkinder beim Essen wählerisch?

✓ Sie entdecken ihren eigenen Willen und möchten mitentscheiden.
✓ Sie haben manchmal Angst vor neuen Lebensmitteln („Neophobie").
✓ Sie bevorzugen bekannte Geschmäcker und Texturen.
✓ Sie spüren instinktiv, was ihr Körper braucht (z. B. mehr Kohlenhydrate in Wachstumsphasen).

Wichtig: Diese Phasen sind normal und kein Grund zur Sorge – fast alle Kinder gehen irgendwann durch eine „Mäkelfase".

Wie kannst du damit umgehen?

✓ **Ruhig bleiben:** Je mehr Druck du machst, desto mehr blockt dein Kind ab.
✓ **Biete immer wieder neue Lebensmittel an,** aber ohne Zwang.
✓ **Mach Essen spielerisch interessant:** „Möchtest du den roten oder den gelben Paprikastreifen probieren?"
✓ **Lass dein Kind mithelfen:** Gemüse schneiden, umrühren – wer beim Kochen hilft, isst oft auch lieber.

Tipp: Auch wenn dein Kind ein Lebensmittel verweigert, kann sich das jederzeit ändern – oft braucht es 10–15 Versuche, bis ein Kind ein neues Essen akzeptiert.

18.2 Gemeinsame Mahlzeiten als Familienritual

Essen ist mehr als Nährstoffaufnahme – es ist ein soziales Ereignis. Gemeinsame Mahlzeiten stärken die Bindung und helfen deinem Kind, Essgewohnheiten zu entwickeln.

Warum sind Familienmahlzeiten wichtig?

✓ Dein Kind lernt durch Nachahmung – es sieht, wie du isst und übernimmt dein Verhalten.
✓ Es entwickelt eine natürliche Beziehung zum Essen, ohne Druck oder Zwang.
✓ Es verbindet Essen mit positiven Erlebnissen und nicht mit Stress.

Tipps für stressfreie Familienmahlzeiten:

✓ **Setzt euch gemeinsam an den Tisch,** ohne Ablenkung durch Fernseher oder Spielzeug.
✓ **Vermeide Druck:** „Iss wenigstens noch drei Löffel!" führt oft zu Widerstand.
✓ **Erlaube Selbstständigkeit:** Auch wenn dein Kind kleckert – es will alleine essen.
✓ **Mache Mahlzeiten entspannt:** Erzählt euch etwas Schönes statt zu diskutieren.

Tipp: Ein regelmäßiger Essensrhythmus hilft, das Hungergefühl deines Kindes zu regulieren – feste Frühstücks-, Mittags- und Abendessen-Zeiten sind ideal.

18.3 Zucker, Snacks und Alternativen

Viele Eltern fragen sich, wie viel Zucker für Kleinkinder okay ist – und wie man gesunde Alternativen findet.

💡 Wie viel Zucker ist erlaubt?

- Die WHO empfiehlt für Kleinkinder **so wenig Zucker wie möglich**.

- Versteckter Zucker steckt oft in Joghurts, Müslis oder Fruchtsäften.

- Gelegentliche Süßigkeiten sind okay – aber sie sollten nicht zur Gewohnheit werden.

Gesunde Alternativen zu zuckerhaltigen Snacks:

✓ Statt Fruchtsaft: **Verdünnter Apfelsaft oder Wasser mit Obststücken**
✓ Statt Süßigkeiten: **Obstspalten, Datteln, selbstgemachte Müsliriegel**
✓ Statt gezuckertem Joghurt: **Naturjoghurt mit frischen Beeren**
✓ Statt Keksen: **Reiswaffeln oder selbstgebackene Haferkekse**

📌 **Tipp:** Dein Kind muss nicht ganz auf Süßes verzichten – wichtig ist ein bewusster Umgang damit.

18.4 Essen als Entdeckungsspiel

Essen sollte Spaß machen! Kinder entdecken Lebensmittel mit allen Sinnen – durch Sehen, Fühlen, Riechen und Schmecken.

💡 Wie kannst du das Essen spielerisch gestalten?

✓ **Bunte Teller:** Biete eine Auswahl aus verschiedenen Farben an (rote Tomaten, grüne Gurken, gelbe Paprika).
✓ **Lustige Formen:** Schneide Brot oder Obst in Sterne oder Herzen.
✓ **„Probier-Teller":** Stelle kleine Portionen neuer Lebensmittel bereit – ohne Druck.
✓ **Fingerfood:** Kinder essen oft lieber mit den Händen als mit Besteck.

📌 **Tipp:** Je mehr dein Kind selbst entscheiden darf, desto wahrscheinlicher ist es, dass es neue Dinge probiert.

18.5 Was tun, wenn dein Kind kaum isst?

Manche Kleinkinder essen nur winzige Mengen – das kann Eltern verunsichern.

💡 Wann solltest du dir Sorgen machen?

- Dein Kind nimmt stark ab oder wächst nicht mehr.
- Es verweigert konsequent ganze Nahrungsmittelgruppen.
- Es hat regelmäßig Verdauungsprobleme oder Bauchschmerzen.
- Es hat über lange Zeit kaum Appetit.

📌 **In den meisten Fällen ist Appetitlosigkeit harmlos!**

Tipps, wenn dein Kind wenig isst:

✔ **Achte auf das Sättigungsgefühl deines Kindes:** Es weiß meist selbst, wie viel es braucht.

✔ **Vermeide Snacks kurz vor den Mahlzeiten.**

✔ **Mach dir keine Sorgen, wenn dein Kind an einem Tag wenig isst – am nächsten Tag holt es das oft nach.**

✔ **Lass dein Kind das Tempo bestimmen.**

📌 **Tipp:** Wenn du dir unsicher bist, sprich mit dem Kinderarzt – aber meistens reguliert sich der Appetit von selbst.

Fazit: Gesunde Essgewohnheiten entstehen spielerisch

Essen im Kleinkindalter ist ein spannender Lernprozess. Dein Kind entwickelt eigene Vorlieben, entdeckt neue Lebensmittel und lernt, selbstständig zu essen.

💡 **Was du mitnehmen kannst:**

✔ Mäkelfasen sind normal – hab Geduld und biete immer wieder neue Lebensmittel an.

✔ Gemeinsame Mahlzeiten sind wertvoll für die ganze Familie.

✔ Ein bewusster Umgang mit Zucker ist besser als striktes Verbieten.

✔ Essen darf spielerisch sein – Farben, Formen und Fingerfood machen es spannend.

✔ Jedes Kind hat sein eigenes Tempo – Zwang und Druck machen das Essen nur unangenehm.

Mit Geduld, Spaß und einem entspannten Umgang mit dem Thema Ernährung kannst du deinem Kind helfen, gesunde Essgewohnheiten für das ganze Leben zu entwickeln. 💜 🥦 🍎

19. Vier Jahre – Vorbereitung auf die Vorschule

Mit vier Jahren beginnt eine aufregende neue Phase für dein Kind. Es ist kein Kleinkind mehr, sondern ein richtiges Vorschulkind! Es kann sich nun besser konzentrieren, stellt gezielte Fragen, denkt logischer und interessiert sich zunehmend für Buchstaben, Zahlen und das soziale Miteinander mit anderen Kindern.

Vielleicht merkst du, dass dein Kind selbstständiger wird und stolz darauf ist, neue Dinge zu lernen. Gleichzeitig braucht es aber weiterhin viel Unterstützung und liebevolle Begleitung, um sein Wissen zu erweitern und sich auf den nächsten großen Schritt – die Vorschule – vorzubereiten.

Wie kannst du dein Kind spielerisch fördern, ohne Druck zu machen? Welche Fähigkeiten sind in diesem Alter besonders wichtig? Und wie kannst du dein Kind darauf vorbereiten, bald „ein großes Vorschulkind" zu sein?

19.1 Erste Konzentrationsübungen

Mit vier Jahren kann dein Kind sich schon besser auf eine Aufgabe konzentrieren – aber nicht so lange wie ein Schulkind. Es wechselt schnell von einer Aktivität zur nächsten, besonders wenn etwas langweilig wird.

💡 **Wie lange kann ein Vierjähriger sich konzentrieren?**

✓ In der Regel **10–15 Minuten pro Aufgabe**, danach braucht es eine Pause.

✓ Manche Kinder sind schon länger aufmerksam, wenn sie etwas besonders interessiert.

✓ Bewegung hilft – Kinder lernen besser, wenn sie zwischendurch rennen oder hüpfen können.

Wie kannst du die Konzentration fördern?

✓ **Ruhige Spielzeiten einplanen**, in denen dein Kind puzzelt oder malt.

✓ **Reizüberflutung vermeiden** – eine aufgeräumte Umgebung hilft, sich auf eine Sache zu konzentrieren.

✓ **Bewegung und Konzentration kombinieren** – z. B. Hüpfspiele mit Zahlen oder Buchstaben.

✓ **Geduld haben!** Die Aufmerksamkeitsspanne wächst mit der Zeit.

📌 **Tipp:** Einfache Konzentrationsspiele wie „Ich sehe was, was du nicht siehst" oder Memory fördern spielerisch die Aufmerksamkeit.

19.2 Umgang mit Regeln und Konsequenzen

Vierjährige haben ein besseres Verständnis für Regeln – aber sie testen sie auch gerne aus! Dein Kind weiß, dass es nicht einfach die Straße überqueren darf oder dass es nach dem Spielen aufräumen soll. Trotzdem wird es manchmal „vergessen" oder bewusst ausprobieren, ob du wirklich konsequent bleibst.

💡 **Warum sind Regeln wichtig?**

✓ Sie geben deinem Kind Sicherheit und Struktur.

✓ Sie helfen, soziale Fähigkeiten zu entwickeln (z. B. Rücksicht nehmen, warten, teilen).

✓ Sie bereiten auf die Schule vor, wo bestimmte Regeln gelten.

Wie setzt du Regeln liebevoll durch?

✓ **Sei konsequent, aber geduldig:** Ein „Nein" sollte ein „Nein" bleiben – aber ohne Strafen.

✓ **Erkläre die Regeln in einfachen Worten:** „Wir waschen uns die Hände, weil wir die Keime wegspülen."

✓ **Nutze visuelle Erinnerungen:** Ein Bild mit einer „Aufräum-Zeit" kann helfen.

✓ **Lass dein Kind mitentscheiden:** Kinder halten sich eher an Regeln, wenn sie mitreden dürfen („Sollen wir zuerst Zähne putzen oder zuerst die Geschichte lesen?").

📌 **Tipp:** Ein einfacher und konsequenter Tagesablauf hilft, Regeln zu festigen – etwa feste Essens- und Schlafenszeiten.

19.3 Warum Malen und Basteln so wichtig ist

Vielleicht ist dir aufgefallen, dass dein Kind mit vier Jahren gezielter malt – es entstehen nicht mehr nur Kritzeleien, sondern erkennbare Formen und Figuren. Malen, Schneiden und Basteln sind nicht nur kreative Beschäftigungen, sondern auch eine wichtige Vorbereitung auf die spätere Schreibfähigkeit.

☝ Warum fördert Malen und Basteln die Entwicklung?

✓ Es verbessert die Feinmotorik – wichtig für das spätere Schreiben.

✓ Es stärkt die Konzentration und Ausdauer.

✓ Es fördert die Kreativität und Ausdrucksfähigkeit.

✓ Es hilft, Gefühle auszudrücken – Kinder malen oft, was sie bewegt.

Einfache Bastelideen für Vierjährige:

✓ **Mit Fingerfarben malen** – Kinder lieben es, Farben mit den Händen zu spüren.

✓ **Schneideübungen mit Kinderscheren** – stärkt die Fingerkraft.

✓ **Kneten und Formen aus Salzteig oder Knete** – fördert die Feinmotorik.

✓ **Erste Buchstaben oder Zahlen aufmalen und nachspuren lassen.**

📌 **Tipp:** Hänge die Kunstwerke deines Kindes auf – das stärkt sein Selbstbewusstsein!

19.4 Motorische Fähigkeiten weiterentwickeln

Mit vier Jahren wird dein Kind immer geschickter in seinen Bewegungen. Es kann rennen, hüpfen, klettern und sogar auf einem Bein stehen. Grob- und Feinmotorik entwickeln sich parallel weiter und bereiten dein Kind auf das Schreiben, Basteln und sportliche Aktivitäten vor.

☝ Was kann ein Vierjähriger motorisch schon?

✓ Sicher rennen und plötzlich stoppen.

✓ Auf einem Bein stehen (für ein paar Sekunden).

✓ Einen Ball fangen und werfen.

✓ Treppen im Wechselgang hoch- und runtergehen.

✓ Mit Besteck essen, ohne viel zu kleckern.

Wie kannst du die motorische Entwicklung fördern?

✓ **Bewegung in den Alltag einbauen:** Statt Fahrstuhl lieber Treppe steigen.

✓ **Hindernisparcours im Garten oder Wohnzimmer aufbauen.**

✓ **Mit Kreide auf dem Boden balancieren oder Hüpfschule spielen.**

✓ **Erste einfache Sportarten ausprobieren:** Laufrad fahren, Seilspringen oder Balancieren auf einem niedrigen Baumstamm.

📌 **Tipp:** Körperliche Aktivität ist wichtig – Kinder brauchen Bewegung, um sich gesund zu entwickeln!

19.5 Soziale Kompetenzen in der Gruppe lernen

Im vierten Lebensjahr wird das soziale Miteinander immer wichtiger. Während Kleinkinder oft noch nebeneinander spielen (Parallelspiel), beginnen Vierjährige, gemeinsam zu spielen und erste Freundschaften zu knüpfen.

☝ Was passiert in dieser Phase?

✓ Kinder beginnen, **miteinander zu spielen**, nicht nur nebeneinander.

✓ Sie lernen, **zu teilen und zu warten** – auch wenn das manchmal noch schwerfällt.

✓ Erste **Konflikte entstehen**, weil sie ihren eigenen Willen durchsetzen wollen.

✓ Sie entwickeln **Empathie** – „Oh, du bist traurig? Soll ich dir helfen?"

Wie kannst du soziale Fähigkeiten fördern?

✓ **Rollenspiele unterstützen:** Spielen mit Puppen, Autos oder Figuren hilft, soziale Situationen nachzustellen.

✓ **Lob für freundliches Verhalten:** „Das war schön, dass du dein Spielzeug geteilt hast!"

✓ **Konflikte gemeinsam lösen:** Nicht immer sofort eingreifen, sondern dein Kind selbst eine Lösung finden lassen.

✓ **Bücher über Freundschaft lesen:** Geschichten helfen, soziale Verhaltensweisen zu verstehen.

📌 **Tipp:** Dein Kind muss nicht mit jedem spielen – aber es sollte lernen, höflich zu sein und Konflikte fair zu lösen.

Fazit: Dein Kind macht große Fortschritte – spielerisch und mit Freude!

Mit vier Jahren entwickelt dein Kind wichtige Fähigkeiten, die es auf die Vorschule vorbereiten. Es kann sich besser konzentrieren, versteht Regeln, wird motorisch sicherer und beginnt, echte Freundschaften zu schließen.

💡 **Was du mitnehmen kannst:**

✓ Die Konzentrationsfähigkeit wächst – aber spielerische Förderung ist der beste Weg.

✓ Regeln und Konsequenzen helfen deinem Kind, sich sicher zu fühlen.

✓ Malen, Basteln und Bewegung sind wichtige Vorbereitungen auf die Schule.

✓ Soziale Fähigkeiten entwickeln sich durch gemeinsame Spiele und Konfliktlösungen.

Genieße diese besondere Zeit – dein Kind ist nun ein neugieriges, kreatives und lernfreudiges Vorschulkind! 🤍 ✦

20. Vorschulkinder – Der letzte große Entwicklungsschritt

Mit fünf Jahren befindet sich dein Kind in der letzten Phase vor der Schule. Es ist neugierig, wissbegierig und möchte immer mehr selbstständig erledigen. Gleichzeitig wächst sein soziales Verständnis – es versteht besser, wie Regeln funktionieren, kann Freundschaften pflegen und beginnt, sich mit Zahlen, Buchstaben und der eigenen Rolle in der Welt auseinanderzusetzen.

Der Vorschulstart ist eine spannende Zeit: Dein Kind ist kein Kleinkind mehr, sondern entwickelt sich zu einem selbstbewussten kleinen Menschen mit vielen Fragen, Ideen und Bedürfnissen. In diesem Kapitel erfährst du, wie du dein Kind optimal auf die Schule vorbereiten kannst – spielerisch und ohne Druck.

20.1 Wie sich das Spielverhalten verändert

Mit fünf Jahren ändert sich die Art und Weise, wie dein Kind spielt. Während jüngere Kinder noch oft nebeneinander spielen (Parallelspiel), taucht dein Kind jetzt immer tiefer in Rollenspiele ein und kann sich über längere Zeit mit einer Sache beschäftigen.

Typische Spielveränderungen im Vorschulalter:

✓ **Kooperative Spiele:** Dein Kind kann jetzt in einer Gruppe spielen und Regeln verstehen.

✓ **Rollenspiele werden komplexer:** Es spielt Alltagssituationen nach (Arztpraxis, Schule, Einkaufsladen).

✓ **Gesellschaftsspiele werden interessanter:** Dein Kind kann erste einfache Brettspiele mit Regeln spielen.

✓ **Kreatives Spielen nimmt zu:** Es malt, bastelt und erfindet eigene Geschichten.

📌 **Tipp:** Spiele mit festen Regeln helfen deinem Kind, Geduld zu üben und das Verlieren zu lernen – ein wichtiger Schritt in der emotionalen Entwicklung.

20.2 Zahlen, Buchstaben und erste Schreibversuche

Viele Vorschulkinder interessieren sich für Buchstaben und Zahlen – besonders, wenn sie diese im Alltag wiedererkennen (z. B. auf Straßenschildern oder Verpackungen).

Wie zeigt sich das Interesse an Buchstaben und Zahlen?

✓ Dein Kind erkennt und benennt einzelne Buchstaben („Das ist ein M für Mama!").

✓ Es schreibt erste Buchstaben – oft noch spiegelverkehrt (das ist normal!).

✓ Es zählt Dinge ab („1, 2, 3 Äpfel!").

✓ Es zeigt Interesse an seinem Namen und versucht ihn zu schreiben.

Wie kannst du dein Kind fördern?

✓ **Biete Buchstaben zum Nachspuren an** – mit Sand, Fingerfarben oder Stiften.

✓ **Zähle gemeinsam Gegenstände im Alltag:** „Wie viele Löffel sind auf dem Tisch?"

✓ **Lass dein Kind spielerisch Buchstaben entdecken:** In Büchern, auf Schildern oder beim Spielen mit Magnetbuchstaben.

✓ **Vermeide Druck!** Dein Kind muss noch nicht lesen oder schreiben können – alles kommt mit der Zeit.

📌 **Tipp:** Kinder lernen durch Spaß – Buchstaben und Zahlen lassen sich super in Bewegungsspiele oder Lieder integrieren!

20.3 Selbstbewusstsein stärken

Mit fünf Jahren ist dein Kind selbstbewusster, aber es braucht weiterhin deine Unterstützung, um an sich zu glauben und Herausforderungen zu meistern.

Was stärkt das Selbstbewusstsein deines Kindes?

✓ **Lob für Anstrengung, nicht nur für das Ergebnis:** „Du hast dir richtig Mühe gegeben, den Turm zu bauen!"

✓ **Selbstständigkeit fördern:** Dein Kind kann jetzt alleine den Tisch decken, sich anziehen oder kleine Aufgaben übernehmen.

✓ **Mut machen:** Falls dein Kind unsicher ist („Ich kann das nicht!"), bestärke es: „Versuch es einfach mal, ich helfe dir, wenn du willst."

✓ **Gefühle ernst nehmen:** Auch wenn etwas klein erscheint – für dein Kind kann es eine große Herausforderung sein.

📌 **Tipp:** Je mehr Erfolgserlebnisse dein Kind sammelt, desto selbstbewusster wird es. Lasse es Dinge ausprobieren, auch wenn sie nicht sofort klappen.

20.4 Wie du dein Kind auf die Schule vorbereitest

Viele Eltern fragen sich, wie sie ihr Kind am besten auf die Schule vorbereiten können. Die gute Nachricht: Kinder lernen am besten spielerisch – striktes Vorschultraining ist nicht nötig.

💡 **Welche Fähigkeiten sind für den Schulstart wichtig?**

✓ **Soziale Fähigkeiten:** Zuhören, sich in einer Gruppe zurechtfinden, auf andere Rücksicht nehmen.

✓ **Konzentration:** Sich für 10–15 Minuten auf eine Aufgabe konzentrieren.

✓ **Feinmotorik:** Mit Schere und Stift umgehen können.

✓ **Selbstständigkeit:** Jacke anziehen, Schuhe binden, zur Toilette gehen.

✓ **Sprachliche Fähigkeiten:** Geschichten nacherzählen, einfache Anweisungen verstehen.

So kannst du dein Kind unterstützen:

✓ **Spiele mit Regeln spielen:** „Ich sehe was, was du nicht siehst", Memory oder einfache Brettspiele.

✓ **Alltagssituationen nutzen:** Dein Kind kann beim Einkaufen Zahlen erkennen oder Buchstaben auf Schildern entdecken.

✓ **Kleine Aufgaben übertragen:** Tisch decken, Schuhe binden – das stärkt das Selbstbewusstsein und die Selbstständigkeit.

✓ **Gemeinsam basteln, malen und schneiden:** Das trainiert die Feinmotorik und die Kreativität.

📌 **Tipp:** Dein Kind muss vor der Schule noch nicht schreiben oder rechnen können – es reicht, wenn es sich für neue Dinge interessiert und Freude am Lernen hat.

20.5 Der letzte Kita-Tag – Ein emotionaler Abschied

Der Abschied aus der Kita kann für dein Kind ein großer Moment sein – es bedeutet den Übergang in einen neuen Lebensabschnitt. Manche Kinder freuen sich auf die Schule, andere haben gemischte Gefühle.

💡 **Wie kannst du dein Kind auf den Abschied vorbereiten?**

✓ **Sprich mit ihm über den Übergang:** „Bald beginnt die Schule – das wird aufregend!"

✓ **Erinnere an schöne Kita-Zeiten:** Schaut euch Fotos oder gebastelte Werke an.

✓ **Organisiere einen kleinen Abschied:** Eine Feier oder ein gemeinsamer Tag mit Kita-Freunden kann helfen, den Übergang positiv zu gestalten.

✓ **Betone die Vorfreude auf die Schule:** „In der Schule kannst du so viel Neues entdecken!"

📌 **Tipp:** Manche Kinder haben Angst vor Veränderungen – gib ihnen Zeit, sich an die Idee zu gewöhnen und beantworte alle Fragen zur Schule.

Fazit: Dein Kind ist bereit für das nächste Abenteuer!

Das letzte Jahr vor der Schule ist eine aufregende Zeit voller neuer Fähigkeiten, wachsender Selbstständigkeit und emotionaler Entwicklung. Dein Kind wird neugieriger, mutiger und beginnt, sich auf den Schulstart vorzubereiten.

💡 **Was du mitnehmen kannst:**

✓ Spielen ist die beste Vorbereitung auf die Schule – Lernen geschieht spielerisch!

✓ Dein Kind wird selbstständiger – gib ihm Aufgaben, die es allein bewältigen kann.

✓ Buchstaben, Zahlen und Konzentration lassen sich leicht in den Alltag integrieren.

✓ Ein selbstbewusstes Kind geht mit mehr Freude in die Schule – ermutige es!

✓ Der Abschied aus der Kita kann emotional sein – begleite dein Kind dabei mit Verständnis und Vorfreude.

Mit fünf Jahren ist dein Kind bereit für neue Herausforderungen. Bald beginnt ein neues Abenteuer – und du kannst stolz darauf sein, wie weit dein Kind schon gekommen ist! 🖤 ✨ 📚

21. Sozialverhalten – Freunde finden und teilen lernen

Mit fünf Jahren beginnt dein Kind, tiefergehende soziale Beziehungen zu knüpfen. Es geht nicht mehr nur um gemeinsames Spielen, sondern auch um echte Freundschaften. Dein Kind lernt, Kompromisse einzugehen, zu teilen und Konflikte zu lösen – all das sind wichtige Fähigkeiten für den Schulstart und das spätere Leben.

Doch der soziale Umgang kann auch herausfordernd sein: Warum fällt es manchen Kindern schwer, zu teilen? Wie können Eltern helfen, wenn ihr Kind sich schwer tut, Freunde zu finden? Und wie unterstützt man ein Kind dabei, empathisch und rücksichtsvoll zu sein?

In diesem Kapitel erfährst du, wie du dein Kind in seiner sozialen Entwicklung begleitest und es dabei unterstützt, gute Freunde zu werden.

21.1 Warum Teilen für Kinder schwer ist

Teilen ist eine der wichtigsten sozialen Fähigkeiten – aber sie muss erst gelernt werden. Besonders Lieblingsspielzeuge werden oft vehement verteidigt.

💡 **Warum tun sich Kinder mit dem Teilen schwer?**

✓ Besitz ist für Kinder ein großes Thema – sie lernen gerade, was „mein" und „dein" bedeutet.

✓ Sie haben Angst, etwas nicht zurückzubekommen.

✓ Sie sehen Dinge als Verlängerung ihrer Identität („Mein Kuscheltier gehört nur mir!").

✓ Sie können sich noch nicht in andere hineinversetzen („Ich will das haben – warum sollte ich es hergeben?").

Wie kannst du das Teilen fördern?

✓ **Geduld haben:** Teilen ist ein Lernprozess – erwarte nicht, dass es sofort klappt.

✓ **Vorleben:** Zeige, dass du selbst gerne Dinge teilst („Möchtest du ein Stück von meinem Apfel?").

✓ **Erklären, warum Teilen wichtig ist:** „Wenn du deine Bausteine teilst, könnt ihr zusammen einen großen Turm bauen."

✓ **Spiele nutzen, die Teilen erfordern:** Puzzle oder gemeinsames Malen fördern kooperatives Verhalten.

✓ **Loben, wenn es klappt:** „Das war toll, dass du dein Auto mit deinem Freund geteilt hast!"

📌 **Tipp:** Zwinge dein Kind nicht zum Teilen, sondern erkläre ihm die Vorteile – es wird mit der Zeit von selbst bereit sein.

21.2 Mein oder dein? Besitzverhältnisse verstehen

Ein häufiges Streitthema unter Kindern ist: „Das gehört mir!" Gerade in Gruppen wie der Kita oder auf dem Spielplatz gibt es oft Konflikte darüber, wem ein bestimmtes Spielzeug gehört.

💡 **Was bedeutet „Besitz" für Kinder?**

✓ Kinder lernen erst zwischen gemeinschaftlichem und privatem Besitz zu unterscheiden.

✓ Sie müssen verstehen, dass manche Dinge „allen" gehören (z. B. Spielzeuge in der Kita).

✓ Sie erleben, dass Tauschen und Ausleihen auch Spaß machen kann.

Wie kannst du dein Kind dabei unterstützen?

✓ **Erkläre Besitzverhältnisse klar:** „Das Spielzeug im Kindergarten gehört allen, dein Kuscheltier gehört nur dir."

✓ **Hilf deinem Kind, fair zu sein:** „Du kannst das Auto zuerst benutzen, dann darf dein Freund es haben."

✓ **Lass dein Kind entscheiden:** Es ist okay, wenn es bestimmte Dinge nicht teilen möchte – es soll aber Alternativen anbieten können.

📌 **Tipp:** Das Konzept von Besitz entwickelt sich mit der Zeit – dein Kind muss erst lernen, was „leihen", „tauschen" und „teilen" wirklich bedeuten.

21.3 Erste Freundschaften: Wie Kinder Kontakte knüpfen

Mit fünf Jahren entwickeln Kinder echte Freundschaften – sie haben Lieblingsspielkameraden und möchten bestimmte Freunde immer wiedersehen.

💡 **Woran erkennst du, dass dein Kind Freundschaften aufbaut?**

✓ Es nennt bestimmte Kinder als „beste Freunde".

✓ Es möchte Verabredungen mit seinen Freunden haben.

✓ Es kümmert sich um andere und merkt, wenn jemand traurig ist.

✓ Es teilt Erlebnisse aus der Kita oder dem Spielplatz mit Begeisterung.

Wie kannst du dein Kind beim Freundschaften schließen unterstützen?

✓ **Ermutige Verabredungen mit anderen Kindern.**
✓ **Hilf bei der Kontaktaufnahme:** „Magst du mit den anderen Kindern Ball spielen?"
✓ **Zeige deinem Kind, wie es höflich auf andere zugehen kann.**
✓ **Lass dein Kind entscheiden, mit wem es spielen möchte – nicht jedes Kind versteht sich mit jedem.**

📌 **Tipp:** Freundschaften entwickeln sich oft aus gemeinsamen Interessen – unterstütze dein Kind dabei, herauszufinden, was ihm Spaß macht.

21.4 Konflikte unter Kindern lösen

Streit ist in diesem Alter normal – ob wegen Spielzeug, Sitzplätzen oder wer zuerst dran ist. Doch Konflikte sind wichtig, denn sie helfen Kindern, Lösungen zu finden und sich sozial zu entwickeln.

💡 **Warum streiten Kinder?**
✓ Sie testen Grenzen aus.
✓ Sie üben, ihren Willen durchzusetzen.
✓ Sie haben noch nicht genug Strategien zur Konfliktlösung.

Wie kannst du helfen, ohne alles zu lösen?

✓ **Bleib neutral:** Sei nicht sofort „Schiedsrichter", sondern ermutige dein Kind, selbst eine Lösung zu finden.
✓ **Hilf, Worte zu finden:** „Kannst du ihm sagen, warum du traurig bist?"
✓ **Vermittle, wenn nötig:** „Ihr wollt beide mit dem Auto spielen – wie könnt ihr das regeln?"
✓ **Lobe gutes Konfliktverhalten:** „Das war toll, dass ihr euch selbst geeinigt habt!"

📌 **Tipp:** Kinder brauchen Zeit, um faire Lösungen zu finden – erwarte nicht, dass es sofort klappt.

21.5 Empathie fördern – Warum Mitgefühl wichtig ist

Empathie bedeutet, sich in andere hineinzuversetzen – eine Fähigkeit, die sich ab dem Vorschulalter entwickelt. Dein Kind beginnt nun zu verstehen, wie andere sich fühlen und warum Rücksicht wichtig ist.

💡 **Wie zeigt sich Empathie bei Kindern?**
✓ Sie trösten andere Kinder, wenn sie traurig sind.
✓ Sie sagen: „Ich helfe dir!" oder „Willst du mitmachen?"
✓ Sie bemerken, wenn jemand ausgeschlossen wird.

Wie kannst du Empathie fördern?

✓ **Gefühle benennen:** „Schau, dein Freund ist traurig – was könnten wir tun, um ihn aufzumuntern?"
✓ **Vorbild sein:** Kinder lernen Mitgefühl, indem sie sehen, wie wir mit anderen umgehen.
✓ **Bücher über Freundschaft und Gefühle lesen.**

✓ **Sich bedanken und entschuldigen:** „Danke, dass du mir geholfen hast!" zeigt Wertschätzung.

📌 **Tipp:** Empathie wächst mit der Zeit – dein Kind muss noch üben, sich in andere hineinzuversetzen.

Fazit: Soziales Lernen ist ein Prozess

Mit fünf Jahren macht dein Kind riesige Fortschritte im sozialen Miteinander. Es lernt, Freundschaften zu schließen, zu teilen, Konflikte zu lösen und empathisch mit anderen umzugehen.

💡 **Was du mitnehmen kannst:**
✓ **Teilen muss gelernt werden – sei geduldig!**
✓ **Besitz ist ein wichtiges Thema – dein Kind lernt, was „meins" und „deins" bedeutet.**
✓ **Freundschaften entstehen durch gemeinsame Erlebnisse – fördere Kontakte.**
✓ **Streit ist normal – unterstütze dein Kind dabei, Lösungen zu finden.**
✓ **Empathie entwickelt sich langsam – dein Kind braucht Vorbilder und Zeit.**

Soziales Verhalten ist ein langer Lernprozess, aber mit deiner Unterstützung wird dein Kind zu einem einfühlsamen und rücksichtsvollen kleinen Menschen heranwachsen! 🖤 👫

22. Medienkonsum – Umgang mit Fernsehen, Tablet und Co.

In der heutigen digitalen Welt sind Medien allgegenwärtig – auch für Kinder. Während wir früher vielleicht nur ein paar Fernsehsendungen pro Tag sehen konnten, stehen Kindern heute unzählige digitale Angebote zur Verfügung: Fernseher, Tablet, Smartphone, Streaming-Dienste, Videospiele und vieles mehr.

Doch wie viel Bildschirmzeit ist gesund? Ab wann sollte ein Kind überhaupt mit digitalen Medien in Berührung kommen? Und wie kannst du einen verantwortungsvollen Umgang mit Fernsehen, Tablet und Co. fördern? In diesem Kapitel erfährst du, wie du Medien sinnvoll in den Alltag deines Kindes integrierst, ohne dass sie zur Hauptbeschäftigung werden.

22.1 Wann ist der richtige Zeitpunkt für Medien?

Viele Eltern fragen sich, wann ihr Kind zum ersten Mal fernsehen oder mit einem Tablet spielen sollte.

💡 **Empfehlungen der Experten:**
✓ Kinder unter **2 Jahren** sollten so wenig Bildschirmzeit wie möglich haben – sie lernen am besten durch echtes Spielen und soziale Interaktion.
✓ Ab **2–3 Jahren** können erste kindgerechte Inhalte in kleinen Dosen eingeführt werden (z. B. 10–15 Minuten am Tag).
✓ Ab **4–6 Jahren** sind **maximal 30–45 Minuten pro Tag** empfohlen, je nach Art der Inhalte.

👉 **Wichtig:** Digitale Medien sind keine „Babysitter" – sie sollten immer von Gesprächen und echtem Spielen begleitet werden.

22.2 Wie viel Bildschirmzeit ist gesund?

Die richtige Menge an Medienkonsum hängt vom Alter und der Tagesstruktur des Kindes ab.

💡 **Empfohlene Bildschirmzeiten pro Altersgruppe:**
✓ **Unter 2 Jahren:** Am besten keine Medien oder nur gelegentlich mit Eltern zusammen.
✓ **2–4 Jahre:** Max. 15–30 Minuten pro Tag, z. B. eine kurze Kindersendung.
✓ **4–6 Jahre:** Max. 30–45 Minuten pro Tag, aufgeteilt in sinnvolle Abschnitte.
✓ **6–9 Jahre:** Bis zu 60 Minuten pro Tag, mit klaren Regeln.

👉 **Tipp:** Statt „Wie viel?" ist die Frage „Wie sinnvoll?" wichtiger – es kommt darauf an, was dein Kind konsumiert.

22.3 Kindgerechte Inhalte auswählen

Nicht jedes Programm oder jede App ist für Kinder geeignet – selbst Zeichentrickserien können manchmal zu aufregend oder gruselig sein.

💡 **Worauf solltest du bei Kindermedien achten?**
✓ **Altersgerechte Inhalte:** Keine Gewalt, überfordernde Themen oder schnelle Schnittfolgen.
✓ **Ruhige Geschichten mit einfachen Handlungen:** Serien mit sanften Farbtönen und langsamer Erzählweise sind besser als hektische Cartoons.
✓ **Interaktive Inhalte statt passive Berieselung:** Apps, bei denen das Kind mitmachen kann, fördern das Lernen.
✓ **Keine Werbung:** Viele Kinderapps sind voller Werbung – achte auf werbefreie Inhalte.

Empfohlene Medien für Vorschulkinder:

📺 **Serien:** „Die Sendung mit der Maus", „Leo Lausemaus", „Peppa Wutz", „Sesamstraße"
📱 **Apps:** „Sendung mit der Maus App", „Anton" (Lern-App), „Book Creator" (zum Geschichten-Erfinden)
🎮 **Spiele:** Kindgerechte Bewegungsspiele oder einfache Lernspiele

👉 **Tipp:** Eltern sollten immer mitentscheiden, was ihre Kinder sehen – am besten zusammen anschauen und darüber sprechen.

22.4 Alternativen zu digitalen Medien

Kinder brauchen Medien nicht unbedingt, um sich zu unterhalten – es gibt viele schöne Alternativen, die die Kreativität und Bewegung fördern.

💡 **Was kannst du statt Bildschirmzeit anbieten?**
✓ **Kreative Spiele:** Malen, Basteln, Kneten oder eigene Geschichten erfinden.
✓ **Bewegung:** Ein Spaziergang, ein Ballspiel oder eine Runde Laufrad fahren.

✓ **Vorlesen:** Kinder lieben Geschichten – und es fördert Sprache und Fantasie.

✓ **Freies Spiel:** Kinder lernen am meisten, wenn sie einfach spielen dürfen.

📌 **Tipp:** Eine „medienfreie Zone" im Haus (z. B. das Kinderzimmer) hilft, den Konsum einzuschränken.

22.5 Eltern als Vorbilder im Medienkonsum

Kinder lernen durch Nachahmung – wenn du ständig am Handy bist, wird dein Kind das auch wollen.

💡 **Wie kannst du einen gesunden Umgang mit Medien vorleben?**

✓ **Bewusst Handy-Pausen einlegen:** Dein Kind merkt, wenn du immer wieder aufs Display schaust.

✓ **Medienfreie Familienzeiten einführen:** Beim Essen oder vor dem Schlafengehen keine Bildschirme.

✓ **Gemeinsam schauen, statt alleine konsumieren:** Sprich mit deinem Kind über das Gesehene.

✓ **Zeige Alternativen:** Lies selbst ein Buch, statt auf dem Handy zu scrollen – das animiert dein Kind, es auch zu tun.

📌 **Tipp:** Wenn dein Kind meckert, weil es kein Tablet oder Fernsehen darf, hilft eine klare und liebevolle Haltung: „Jetzt ist Spielzeit, Fernsehen gibt es später."

Fazit: Ein bewusster Umgang mit Medien ist entscheidend

Digitale Medien sind ein Teil unserer Welt – Kinder sollten lernen, sinnvoll damit umzugehen, anstatt sie komplett zu meiden. Der Schlüssel liegt in einer guten Balance zwischen Medienkonsum, Bewegung, kreativem Spiel und sozialer Interaktion.

💡 **Was du mitnehmen kannst:**

✓ Kinder unter 2 Jahren brauchen keine Medien – sie lernen durch echtes Spielen.

✓ Kleinkinder sollten maximal 30–45 Minuten pro Tag mit digitalen Medien verbringen.

✓ Wähle **kindgerechte Inhalte** und vermeide schnelle, laute und gewalthaltige Medien.

✓ **Digitale Medien ersetzen kein freies Spiel** – echte Erfahrungen sind wichtiger.

✓ **Eltern sind Vorbilder!** Dein Umgang mit dem Handy beeinflusst dein Kind.

Ein bewusster Umgang mit Medien sorgt dafür, dass dein Kind sie sinnvoll nutzt – ohne, dass sie das echte Leben ersetzen. 💜 📱 📖

---

23. Selbstständigkeit fördern – Kleine Aufgaben im Alltag

Mit fünf Jahren wird dein Kind immer unabhängiger. Es möchte viele Dinge alleine machen und fühlt sich stolz, wenn es Aufgaben selbstständig erledigen kann. Gleichzeitig ist es oft noch ungeduldig, schnell frustriert oder braucht Ermutigung, um Herausforderungen anzunehmen.

Selbstständigkeit ist eine wichtige Fähigkeit, die dein Kind auf die Schule und das spätere Leben vorbereitet. Doch wie kannst du es dabei unterstützen, ohne es zu überfordern? Welche kleinen Aufgaben kann es übernehmen? Und wie kannst du ihm Verantwortung spielerisch beibringen?

23.1 Warum Kinder helfen wollen

Viele Eltern kennen das: Das Kind möchte unbedingt selbst die Milch einschenken, den Tisch decken oder die Schuhe binden – aber oft dauert es länger oder geht schief. Trotzdem ist es wichtig, diese Eigeninitiative zu fördern.

Warum ist Selbstständigkeit wichtig?

✓ Sie stärkt das Selbstbewusstsein – dein Kind fühlt sich kompetent.

✓ Sie fördert Problemlösungsfähigkeiten – durch Ausprobieren und Üben.

✓ Sie hilft, Frustrationstoleranz zu entwickeln – nicht alles klappt sofort.

✓ Sie macht dein Kind fit für den Alltag – es lernt, Verantwortung zu übernehmen.

Tipp: Kinder lernen durch Wiederholung. Auch wenn dein Kind länger braucht oder Fehler macht, ist es wichtig, es selbst probieren zu lassen.

23.2 Kleine Haushaltspflichten für Vorschulkinder

Kinder lieben es, in den Alltag einbezogen zu werden. Es gibt viele kleine Aufgaben, die dein Kind übernehmen kann – und die gleichzeitig wichtige Fähigkeiten fördern.

Welche Aufgaben sind altersgerecht?

✓ Ab 2–3 Jahren:

- Spielzeug wegräumen
- Beim Tischdecken helfen
- Socken sortieren

✓ Ab 4 Jahren:

- Den Tisch abwischen
- Pflanzen gießen
- Kleine Einkäufe tragen

✓ Ab 5 Jahren:

- Sein Bett machen
- Den eigenen Teller in die Küche bringen
- Sich selbst anziehen

Tipp: Mach die Aufgaben zu einer spielerischen Herausforderung („Schaffst du es, alle roten Bauklötze einzusammeln?").

23.3 Geduld haben, wenn es nicht perfekt ist

Eltern sind oft versucht, Aufgaben für ihr Kind zu erledigen, weil es schneller geht oder „richtiger" aussieht. Doch Kinder brauchen Übung, um Dinge selbstständig zu tun.

Warum sind Fehler wichtig?

✓ Sie helfen dem Kind, durch Erfahrung zu lernen.

✓ Sie zeigen, dass Perfektion nicht das Ziel ist.

✓ Sie fördern das Durchhaltevermögen – dein Kind gibt nicht sofort auf.

Wie kannst du Geduld bewahren?

✓ **Erwarte keine Perfektion:** Ein schief gemachtes Bett ist auch ein gemachtes Bett.

✓ **Lobe den Versuch, nicht nur das Ergebnis:** „Du hast dir richtig Mühe gegeben!"

✓ **Vermeide Kritik:** „Oh nein, das hast du falsch gemacht!" entmutigt dein Kind.

✓ **Sei ein Vorbild:** Zeige, dass du auch Fehler machst („Ups, mir ist die Milch umgekippt. Ich wische sie einfach auf.").

Tipp: Lass dein Kind kleine Fehler machen – es wird daraus lernen und mit der Zeit immer geschickter werden.

23.4 Entscheidungsfreiheit geben: Was Kinder schon können

Kinder lernen Selbstständigkeit, indem sie Entscheidungen treffen dürfen. Dabei geht es nicht darum, sie völlig frei entscheiden zu lassen, sondern ihnen altersgerechte Wahlmöglichkeiten zu bieten.

Warum sind Entscheidungen wichtig?

✓ Sie stärken das Selbstvertrauen.

✓ Sie helfen, Verantwortung zu übernehmen.

✓ Sie fördern logisches Denken („Welche Schuhe sind bei Regen die besten?").

Welche Entscheidungen kann dein Kind treffen?

✓ **Kleidung wählen:** „Möchtest du die blaue oder die rote Jacke?"

✓ **Essen mitentscheiden:** „Willst du lieber Banane oder Apfel?"

✓ **Tagesablauf mitgestalten:** „Wollen wir zuerst malen oder ein Buch lesen?"

Tipp: Zu viele Entscheidungen überfordern Kinder. Begrenze die Auswahl auf zwei bis drei Möglichkeiten.

23.5 Der richtige Umgang mit Verantwortung

Mit fünf Jahren kann dein Kind bereits Verantwortung für kleine Dinge übernehmen. Das hilft ihm, sich gebraucht zu fühlen und Selbstbewusstsein aufzubauen.

💡 **Wie kannst du Verantwortung fördern?**

✓ **Lass dein Kind Aufgaben übernehmen:** „Kannst du heute daran denken, den Tisch zu decken?"

✓ **Gib ihm echte Verantwortung:** Ein „eigenes" kleines Projekt (z. B. eine Pflanze pflegen).

✓ **Erkläre, warum Verantwortung wichtig ist:** „Wenn du dein Spielzeug aufräumst, findest du es morgen schneller wieder."

📌 **Tipp:** Verantwortung wächst mit positiven Erfahrungen – ermutige dein Kind und feiere Erfolge!

Fazit: Selbstständigkeit wächst durch Übung und Vertrauen

Mit fünf Jahren ist dein Kind bereit, mehr Verantwortung zu übernehmen und sich selbstständiger um kleine Aufgaben zu kümmern. Es möchte ernst genommen werden und sich als kompetent erleben.

💡 **Was du mitnehmen kannst:**

✓ Kinder wollen helfen – gib ihnen kleine, machbare Aufgaben.

✓ Fehler gehören zum Lernen dazu – ermutige dein Kind, Dinge selbst zu probieren.

✓ Entscheidungsmöglichkeiten stärken das Selbstvertrauen.

✓ Verantwortung macht Kinder stolz – sie lernen, dass sie etwas bewirken können.

Indem du dein Kind in den Alltag einbeziehst, hilfst du ihm, selbstbewusst und unabhängig zu werden. 🖤 💪 ✨

24. Die ersten Ängste – Was Kinder beschäftigt

Mit fünf Jahren hat dein Kind eine blühende Fantasie – und genau diese Vorstellungskraft kann auch Ängste auslösen. Während es früher vielleicht keine Angst hatte, in dunkle Räume zu gehen oder neue Dinge auszuprobieren, können nun plötzlich Monster unter dem Bett lauern, Trennungsängste auftreten oder Unsicherheiten vor neuen Situationen entstehen.

Doch Ängste sind nicht nur unangenehm – sie sind ein wichtiger Teil der kindlichen Entwicklung. Sie helfen deinem Kind, vorsichtig zu sein und Risiken einzuschätzen. Gleichzeitig ist es wichtig, dass du ihm hilfst, mit seinen Ängsten umzugehen, damit sie nicht überhandnehmen.

Wie entstehen Ängste bei Kindern? Welche Ängste sind in diesem Alter typisch? Und wie kannst du dein Kind unterstützen, ohne seine Sorgen kleinzureden?

24.1 Angst vor Dunkelheit – Wie du helfen kannst

Viele Kinder haben Angst vor der Dunkelheit – eine der häufigsten Ängste im Vorschulalter. Sie fürchten sich vor Schatten, Geräuschen oder der Vorstellung, dass sich in ihrem Zimmer „etwas versteckt".

💡 **Warum haben Kinder Angst vor Dunkelheit?**

✓ Ihre Fantasie entwickelt sich stark – sie stellen sich Dinge vor, die nicht da sind.

✓ Dunkelheit bedeutet Unsicherheit – sie können nicht sehen, was um sie herum passiert.
✓ Albträume können die Angst verstärken.

Was kannst du tun?

✓ **Nimm die Angst ernst:** „Ich verstehe, dass du dich unwohl fühlst, wenn es dunkel ist."
✓ **Lass ein Nachtlicht brennen:** Eine kleine Lampe oder ein beruhigendes Licht kann helfen.
✓ **Zeige deinem Kind, dass nichts da ist:** Geht gemeinsam ins Zimmer und schaut nach.
✓ **Lest positive Gute-Nacht-Geschichten:** Geschichten über mutige Kinder können helfen, die Angst zu überwinden.

📌 **Tipp:** Vermeide Sätze wie „Das ist doch nicht schlimm" – für dein Kind ist es eine echte Angst!

24.2 Albträume und Nachtschreck verstehen

Vielleicht hat dein Kind schon einmal mitten in der Nacht schreiend aufgewacht und war kaum zu beruhigen – ein typischer Nachtschreck. Oder es hat schlechte Träume, die es ängstigen.

💡 **Was ist der Unterschied zwischen Albträumen und Nachtschreck?**
✓ **Albträume** treten im REM-Schlaf auf – dein Kind erinnert sich oft daran.
✓ **Nachtschreck** passiert in einer tiefen Schlafphase – dein Kind ist verwirrt und nicht ansprechbar.

Wie kannst du helfen?

✓ **Bei Albträumen:** Bleib ruhig, tröste dein Kind und sprich über den Traum, falls es das möchte.
✓ **Beim Nachtschreck:** Lass dein Kind in Ruhe, es wacht oft von selbst auf und erinnert sich nicht daran.
✓ **Sorge für eine entspannte Abendroutine:** Weniger aufregende Spiele und ruhige Einschlafrituale helfen.

📌 **Tipp:** Nachtschreck kommt oft durch Übermüdung – ein regelmäßiger Schlafrhythmus kann helfen.

24.3 Trennungsangst – Wie du dein Kind begleitest

Trennungsangst kann in verschiedenen Phasen der Kindheit auftreten – auch noch im Vorschulalter. Manche Kinder haben Schwierigkeiten, sich von Mama oder Papa zu verabschieden, sei es in der Kita, beim Spielen mit Freunden oder beim Einschlafen.

💡 **Warum haben Kinder Trennungsangst?**
✓ Sie sind sich der Abwesenheit bewusster – sie wissen, dass du wirklich weg bist.
✓ Sie fürchten, dass etwas passiert, während du nicht da bist.
✓ Sie sind an Routine gewöhnt und Veränderungen können Unsicherheit auslösen.

Wie kannst du dein Kind unterstützen?

✓ **Klare, liebevolle Abschiedsrituale:** Eine feste Routine („Ein Kuss, eine Umarmung und ein Winken") gibt Sicherheit.

✓ **Vermeide langes Zögern:** Je länger der Abschied dauert, desto schwerer fällt er.

✓ **Versichere deinem Kind, dass du wiederkommst:** „Ich hole dich nach dem Mittagessen ab."

✓ **Lass es kleine Trennungen üben:** Erst kurze Zeiten alleine bei Oma, dann längere Trennungen.

📌 **Tipp:** Wenn du ruhig und sicher bleibst, spürt dein Kind, dass alles in Ordnung ist.

24.4 Angst vor Fremden und neuen Situationen

Manche Kinder sind schüchtern oder haben Angst vor neuen Menschen und unbekannten Situationen.

💡 **Warum haben Kinder Angst vor Fremden?**

✓ Sie brauchen Zeit, um sich an neue Menschen zu gewöhnen.

✓ Sie fühlen sich in neuen Umgebungen unsicher.

✓ Sie fürchten sich davor, etwas falsch zu machen.

Wie kannst du dein Kind ermutigen?

✓ **Gib ihm Zeit:** Nicht jedes Kind ist sofort offen – es darf sich langsam an neue Menschen gewöhnen.

✓ **Bereite es auf neue Situationen vor:** Erkläre, was passieren wird („Heute treffen wir Omas Freunde").

✓ **Sei ein Vorbild:** Wenn du freundlich auf Menschen zugehst, wird dein Kind das nachahmen.

✓ **Zwinge es nicht:** Dein Kind sollte sich nicht unter Druck gesetzt fühlen, mit jemandem zu reden.

📌 **Tipp:** Manche Kinder brauchen länger, um sich wohlzufühlen – gib ihnen die Zeit, die sie brauchen.

24.5 Vertrauen und Sicherheit vermitteln

Ängste gehören zur kindlichen Entwicklung – aber dein Kind muss lernen, dass es sicher ist und dass es Ängste überwinden kann.

💡 **Wie kannst du deinem Kind Vertrauen geben?**

✓ **Sei ein sicherer Hafen:** Dein Kind muss wissen, dass es immer zu dir kommen kann.

✓ **Nimm Ängste ernst, aber verstärke sie nicht:** „Ich weiß, dass du Angst hast, aber du kannst das schaffen!"

✓ **Zeige, dass Angst überwunden werden kann:** „Weißt du noch, wie du früher Angst vor Hunden hattest? Jetzt magst du sie!"

✓ **Lobe Mut:** „Ich bin stolz, dass du dich getraut hast, alleine ins Zimmer zu gehen!"

📌 **Tipp:** Dein Kind muss nicht sofort angstfrei sein – aber es sollte wissen, dass es mit deiner Hilfe lernen kann, mit Ängsten umzugehen.

Fazit: Ängste sind normal – und können überwunden werden

Ängste gehören zur Kindheit dazu und sind oft ein Zeichen für eine wachsende Vorstellungskraft. Wichtig ist, dass du dein Kind begleitest, ihm Sicherheit gibst und ihm zeigst, dass es Ängste überwinden kann.

💡 **Was du mitnehmen kannst:**

✓ Angst vor Dunkelheit ist normal – ein Nachtlicht oder ein beruhigendes Ritual hilft.

✓ Albträume und Nachtschreck sind nicht gefährlich – aber sie können belastend sein.

✓ Trennungsangst kann in Phasen kommen – feste Rituale und Sicherheit helfen.

✓ Angst vor Fremden und neuen Situationen ist normal – dein Kind braucht Zeit.

✓ Mut wächst mit Erfahrungen – bestärke dein Kind, Ängste zu überwinden.

Dein Kind wird lernen, dass es sicher ist – mit deiner Unterstützung kann es jede Angst bewältigen. 🤍 💪

25. Bewegung und Sport – Warum Aktivität so wichtig ist

Kinder haben einen natürlichen Bewegungsdrang – sie laufen, klettern, springen, toben und entdecken die Welt mit ihrem Körper. Bewegung ist essenziell für die gesunde körperliche und geistige Entwicklung deines Kindes. Sie stärkt nicht nur Muskeln und Knochen, sondern fördert auch Konzentration, Selbstbewusstsein und soziale Fähigkeiten.

Doch in der heutigen Zeit, in der viele Kinder zunehmend mehr Zeit mit Tablets, Fernsehen oder Videospielen verbringen, wird Bewegung immer wichtiger. Wie kannst du dein Kind zu mehr Aktivität motivieren? Welche Sportarten sind im Vorschulalter sinnvoll? Und wie kannst du Bewegung spielerisch in den Alltag integrieren?

25.1 Toben, Klettern, Rennen – Bewegungsdrang verstehen

Kinder haben von Natur aus das Bedürfnis, sich zu bewegen. Sie sitzen ungern still, klettern auf alles, was sie finden, und springen herum, wenn sie sich freuen.

💡 **Warum ist Bewegung so wichtig?**

✓ Sie stärkt Muskeln und Knochen und fördert eine gesunde Körperhaltung.

✓ Sie verbessert die Koordination, Motorik und das Gleichgewicht.

✓ Sie unterstützt die Gehirnentwicklung – Bewegung fördert die Konzentration.

✓ Sie hilft, überschüssige Energie abzubauen und Stress zu reduzieren.

✓ Sie macht Kinder selbstbewusster und hilft, Ängste zu überwinden.

📌 **Tipp:** Anstatt zu versuchen, den Bewegungsdrang deines Kindes zu bremsen, integriere Bewegung bewusst in den Alltag.

25.2 Welche Sportarten sind für Kleinkinder geeignet?

Mit fünf Jahren sind Kinder bereit für erste strukturierte Sportarten – aber ohne Leistungsdruck! Wichtig ist, dass die Bewegung Spaß macht.

Welche Sportarten sind ideal für Vorschulkinder?

Kinderturnen: Fördert Koordination, Gleichgewicht und soziale Fähigkeiten.

Fußball: Hilft bei Teamfähigkeit, Ausdauer und Motorik.

Kinderyoga: Verbessert die Körperhaltung, Konzentration und Entspannung.

Fahrradfahren oder Laufradfahren: Trainiert das Gleichgewicht und stärkt die Beinmuskulatur.

Schwimmen: Eine wichtige Fähigkeit, die gleichzeitig die gesamte Muskulatur stärkt.

Judo oder Karate für Kinder: Fördert Körperkontrolle, Disziplin und Selbstbewusstsein.

Tipp: Probiere verschiedene Aktivitäten aus – jedes Kind hat andere Vorlieben!

25.3 Motorik fördern durch Bewegungsspiele

Kinder müssen nicht in einen Sportverein gehen, um sich ausreichend zu bewegen. Auch einfache Bewegungsspiele zu Hause oder auf dem Spielplatz reichen aus, um Motorik und Körpergefühl zu verbessern.

Bewegungsspiele für zu Hause und draußen:

✓ **Hüpfspiele (z. B. Himmel und Hölle)** – trainiert Sprungkraft und Balance.

✓ **Fangspiele** – fördern Ausdauer und Schnelligkeit.

✓ **Balancierübungen (auf Bordsteinen oder Baumstämmen)** – stärken das Gleichgewicht.

✓ **Bälle werfen und fangen** – verbessert die Hand-Augen-Koordination.

✓ **Hindernisparcours mit Kissen oder Stühlen** – ideal für Regentage.

✓ **Tanz- und Bewegungsspiele mit Musik** – machen Spaß und trainieren den ganzen Körper.

Tipp: Kinder lieben Wettkämpfe – baue spielerische Herausforderungen ein („Wie oft kannst du auf einem Bein hüpfen?").

25.4 Warum Kinder nicht stillsitzen können

„Mein Kind kann einfach nicht stillsitzen!" – Diesen Satz hören viele Eltern oft, besonders wenn es um das Essen, das Zuhören in der Kita oder das Vorlesen geht. Doch das ist ganz normal!

Warum fällt es Vorschulkindern schwer, still zu sitzen?

✓ Ihr Gehirn verarbeitet ständig neue Eindrücke – Bewegung hilft, diese zu verarbeiten.

✓ Sie haben eine hohe Energie – Bewegung ist für sie ein Ventil.

✓ Ihr Körper braucht Bewegung, um sich gesund zu entwickeln.

✓ Sie lernen am besten durch aktives Tun, nicht durch passives Zuhören.

Wie kannst du damit umgehen?

✓ **Akzeptiere den natürlichen Bewegungsdrang:** Dein Kind muss nicht immer ruhig sitzen.

✓ **Baue Bewegung in den Alltag ein:** Vor dem Essen oder Vorlesen eine kleine Bewegungspause machen.

✓ **Lass dein Kind aktiv lernen:** Buchstaben und Zahlen lassen sich beim Hüpfen oder Singen üben.

📌 **Tipp:** Bewegung steigert die Konzentration – kurze Bewegungseinheiten helfen sogar dabei, danach besser zuzuhören.

25.5 Draußen spielen vs. drinnen spielen

Draußen spielen hat viele Vorteile – es bietet mehr Raum für Bewegung, frische Luft und die Möglichkeit, mit anderen Kindern zu interagieren. Doch auch drinnen gibt es kreative Möglichkeiten für Bewegung.

💡 **Warum ist Spielen im Freien so wichtig?**

✓ Kinder haben mehr Platz, um zu rennen, zu klettern und zu toben.

✓ Die frische Luft stärkt das Immunsystem.

✓ Draußen gibt es mehr natürliche Bewegung – z. B. Springen über Pfützen oder Klettern auf Bäume.

✓ Naturerfahrungen fördern Kreativität und Fantasie.

Was tun, wenn das Wetter schlecht ist?

✓ **Bewegungsspiele drinnen:** Tanzen, Yoga, Kissen-Parcours oder Hampelmänner.

✓ **Indoor-Spielplätze oder Schwimmbäder besuchen.**

✓ **Ein Kinder-Fitness-Programm ausprobieren:** Es gibt viele Online-Angebote mit Bewegungsvideos für Kinder.

📌 **Tipp:** Egal ob drinnen oder draußen – Hauptsache Bewegung!

Fazit: Bewegung ist der Schlüssel zu gesunder Entwicklung

Kinder brauchen Bewegung, um sich körperlich, geistig und emotional gesund zu entwickeln. Egal ob Sport, freies Toben oder kleine Bewegungsspiele – die Hauptsache ist, dass Bewegung Spaß macht und ein natürlicher Teil des Alltags wird.

💡 **Was du mitnehmen kannst:**

✓ Bewegung ist essenziell für die körperliche und geistige Entwicklung.

✓ Kinder brauchen mindestens **1–2 Stunden aktive Bewegung pro Tag.**

✓ Sportarten wie **Turnen, Schwimmen oder Radfahren** sind ideal für Vorschulkinder.

✓ Bewegungsspiele zu Hause oder draußen fördern Motorik und Koordination.

✓ Draußen spielen ist besonders wichtig – aber auch drinnen gibt es viele Bewegungsideen.

Je mehr Freude dein Kind an Bewegung hat, desto aktiver wird es bleiben – ein wichtiger Grundstein für ein gesundes Leben! ♥ 🚲 🏃

26. Geschichtenerzählen – Die Magie der Fantasie

Kinder lieben Geschichten – sie lassen sie in fremde Welten eintauchen, regen ihre Fantasie an und helfen ihnen, die Welt um sie herum zu verstehen. Schon mit wenigen Worten kannst du dein Kind auf ein Abenteuer mitnehmen, in dem Drachen besiegt, Schätze gefunden oder Freundschaften geschlossen werden.

Doch Geschichtenerzählen ist weit mehr als nur Unterhaltung: Es fördert die Sprachentwicklung, stärkt die Bindung zwischen Eltern und Kind und hilft dabei, Emotionen zu verarbeiten. Ob beim Vorlesen, Erzählen oder gemeinsamen Erfinden von Geschichten – Fantasiegeschichten sind ein wertvoller Teil der Kindheit.

Wie kannst du dein Kind für Geschichten begeistern? Warum ist Vorlesen so wichtig? Und wie kannst du gemeinsam mit deinem Kind eigene Geschichten erfinden?

26.1 Warum Kinder Geschichten lieben

Kinder haben eine natürliche Neugier auf Geschichten. Sie lieben es, in neue Welten einzutauchen, sich mit den Figuren zu identifizieren und Abenteuer in ihrer Fantasie mitzuerleben.

💡 Warum sind Geschichten für Kinder so wichtig?

✓ Sie fördern die sprachliche Entwicklung und den Wortschatz.

✓ Sie helfen, Gefühle und soziale Situationen besser zu verstehen.

✓ Sie regen die Fantasie an und lassen Kinder kreativ werden.

✓ Sie vermitteln Werte und zeigen Lösungen für Probleme.

📌 **Tipp:** Kinder hören Geschichten nicht nur passiv – sie erleben sie aktiv mit und lernen dabei viel über sich und die Welt!

26.2 Erzählen, Vorlesen oder Hörbücher?

Eltern fragen sich oft, ob es besser ist, ihrem Kind Geschichten vorzulesen, sie zu erzählen oder es mit Hörbüchern zu beschäftigen. Die Antwort ist: Alle drei Varianten sind wertvoll – auf unterschiedliche Weise.

💡 Welche Form eignet sich wann?

📖 **Vorlesen:**

✓ Fördert die Sprachentwicklung und das Zuhören.

✓ Gibt dem Kind Geborgenheit durch gemeinsame Zeit.

✓ Hilft, neue Wörter und Satzstrukturen zu lernen.

🎤 **Freies Erzählen:**

✓ Regt die Fantasie des Kindes an.

✓ Fördert die kreative Vorstellungskraft.

✓ Bietet die Möglichkeit, persönliche Erlebnisse in Geschichten einzubauen.

🎧 **Hörbücher:**

✓ Eine gute Ergänzung, wenn Eltern gerade keine Zeit zum Vorlesen haben.

✓ Unterstützen das Zuhören und das Verstehen komplexerer Geschichten.
✓ Können unterwegs eine tolle Beschäftigung sein.

📌 **Tipp:** Am besten ist eine Mischung aus Vorlesen, Erzählen und Hörbüchern – so bekommt dein Kind vielfältige Impulse.

26.3 Kreativität durch eigene Geschichten fördern

Kinder haben eine unglaubliche Fantasie – warum also nicht gemeinsam eigene Geschichten erfinden? Das stärkt nicht nur die Kreativität, sondern gibt deinem Kind auch die Möglichkeit, seine Gedanken und Gefühle auszudrücken.

💡 **Wie könnt ihr gemeinsam Geschichten erfinden?**
✓ **Erzählspiele:** Ein Satz beginnt die Geschichte, dann erzählt jeder reihum weiter.
✓ **Würfelgeschichten:** Würfelt Figuren, Orte und Ereignisse aus und baut sie in eine Geschichte ein.
✓ **Bilder als Inspiration:** Schaut euch ein Bild an und überlegt, was wohl die Geschichte dahinter ist.
✓ **Figuren aus dem Alltag einbauen:** Kuscheltiere, Lieblingsspielzeuge oder Alltagsgegenstände können zu Helden werden.

📌 **Tipp:** Es gibt keine „richtige" oder „falsche" Geschichte – wichtig ist, dass dein Kind Freude am Erzählen hat!

26.4 Was Kinder aus Märchen lernen können

Märchen sind seit Jahrhunderten Teil unserer Kultur – doch viele Eltern fragen sich, ob klassische Märchen mit Hexen, bösen Stiefmüttern oder sprechenden Tieren noch zeitgemäß sind.

💡 **Warum sind Märchen wertvoll?**
✓ Sie vermitteln Werte wie Mut, Freundschaft und Gerechtigkeit.
✓ Sie helfen Kindern, Gut und Böse zu unterscheiden.
✓ Sie zeigen, dass Herausforderungen überwunden werden können.
✓ Sie fördern die Fantasie und Vorstellungskraft.

Wie kannst du Märchen kindgerecht erzählen?

✓ **Wähle altersgerechte Märchen:** Nicht jedes Märchen ist für jedes Alter geeignet.
✓ **Sprich über die Geschichte:** Was hat dem Kind gefallen? Gab es eine Stelle, die es unheimlich fand?
✓ **Verändere die Geschichte, wenn nötig:** Ein Märchen muss nicht genau so erzählt werden wie im Buch – du kannst es abmildern oder abwandeln.

📌 **Tipp:** Moderne Märchenbücher bieten oft eine kindgerechte, sanftere Version der klassischen Geschichten.

26.5 Rollenspiele als Ausdruck von Fantasie

Kinder lieben es, in andere Rollen zu schlüpfen – sei es als Ritter, Prinzessin, Feuerwehrmann oder Tierarzt. Rollenspiele sind eine wunderbare Möglichkeit, Geschichten lebendig werden zu lassen und gleichzeitig soziale Fähigkeiten zu üben.

💡 Warum sind Rollenspiele so wichtig?

✓ Sie fördern Kreativität und Vorstellungskraft.

✓ Sie helfen, Erlebnisse zu verarbeiten („Ich spiele Kita nach").

✓ Sie trainieren soziale Fähigkeiten und das Einfühlungsvermögen.

✓ Sie geben Kindern die Möglichkeit, in eine andere Rolle zu schlüpfen und sich auszuprobieren.

Wie kannst du Rollenspiele unterstützen?

✓ **Biete Requisiten an:** Verkleidungskisten, Stofftiere oder Alltagsgegenstände als „Zauberstab".

✓ **Lass dein Kind die Führung übernehmen:** Es bestimmt die Geschichte – du spielst mit.

✓ **Verbinde Rollenspiel mit echten Erlebnissen:** Dein Kind kann Arzt spielen, nachdem es beim Kinderarzt war.

📌 **Tipp:** Kinder lernen durchs Spielen – Rollenspiele sind ein wunderbarer Weg, um Fantasie und soziale Fähigkeiten zu entwickeln.

Fazit: Geschichten sind mehr als Unterhaltung – sie sind ein Schlüssel zur Entwicklung

Ob beim Vorlesen, Erzählen oder Erfinden eigener Geschichten – Geschichtenerzählen ist ein wertvoller Bestandteil der Kindheit. Es stärkt die Sprache, fördert die Fantasie und schafft eine besondere Verbindung zwischen Eltern und Kind.

💡 Was du mitnehmen kannst:

✓ Kinder lieben Geschichten, weil sie ihnen helfen, die Welt zu verstehen.

✓ Vorlesen, Erzählen und Hörbücher haben jeweils ihre eigenen Vorteile.

✓ Eigene Geschichten zu erfinden, fördert die Kreativität und Ausdrucksfähigkeit.

✓ Märchen sind zeitlos – wenn sie kindgerecht erzählt werden.

✓ Rollenspiele sind eine tolle Möglichkeit, Geschichten zum Leben zu erwecken.

Mit Geschichten wächst dein Kind nicht nur in eine fantasievolle Welt hinein – es lernt, sich auszudrücken, Emotionen zu verarbeiten und sich in andere hineinzuversetzen. Also schnapp dir ein Buch oder erfinde eine eigene Geschichte – die magische Reise beginnt! 📖 ✦

27. Wutausbrüche und Frustrationstoleranz entwickeln

Wutanfälle gehören zur kindlichen Entwicklung – das hast du sicherlich schon oft erlebt. Dein Kind ist fünf Jahre alt, will seinen Willen durchsetzen und kann sich manchmal nicht bremsen. Ob es um das falsche Frühstück, ein nicht gekauftes Spielzeug oder das Aufräumen des Kinderzimmers geht – Wutausbrüche können heftig sein.

Doch Wut ist nicht einfach nur „schlechtes Verhalten" – es ist eine Emotion, die Kinder erst lernen müssen zu regulieren. Dein Kind durchlebt in dieser Phase große emotionale

Veränderungen. Es entwickelt seine eigene Meinung, stößt an Grenzen und kann Enttäuschungen noch nicht so leicht verarbeiten.

Wie kannst du deinem Kind helfen, mit seiner Wut umzugehen? Warum ist Frustrationstoleranz wichtig? Und wie kannst du liebevoll, aber konsequent auf Wutausbrüche reagieren?

27.1 Warum Kinder ihre Gefühle nicht kontrollieren können

Für Erwachsene mag es unverständlich erscheinen, warum ein Kind plötzlich wütend wird, weil das Brot in zwei Hälften gebrochen ist. Doch aus Sicht des Kindes ist die Welt gerade aus den Fugen geraten.

💡 **Warum sind Wutausbrüche in diesem Alter noch normal?**

✓ Das Gehirn deines Kindes ist noch nicht vollständig entwickelt – die Fähigkeit zur Selbstkontrolle reift erst mit der Zeit.

✓ Es kann Emotionen spüren, aber noch nicht angemessen ausdrücken.

✓ Es hat ein starkes Bedürfnis nach Selbstbestimmung, aber nicht immer die Fähigkeiten, seine Wünsche durchzusetzen.

✓ Es fühlt sich manchmal machtlos und versucht, durch Wut seinen Willen zu zeigen.

📌 **Tipp:** Wutausbrüche sind keine Manipulation – dein Kind hat einfach noch keine bessere Strategie, um mit Frustration umzugehen.

27.2 Der richtige Umgang mit Wut

Wenn dein Kind einen Wutanfall hat, kann das anstrengend sein – besonders in der Öffentlichkeit oder nach einem langen Tag. Doch dein Verhalten in solchen Momenten kann einen großen Unterschied machen.

Was hilft bei Wutanfällen?

✓ **Bleib ruhig** – Dein Kind spürt deine Energie. Wenn du ruhig bleibst, wird es sich schneller beruhigen.

✓ **Benenne die Emotion:** „Ich sehe, dass du gerade richtig wütend bist, weil du das nicht bekommst."

✓ **Vermeide lange Erklärungen in der Akutsituation** – Kinder sind in der Wutphase nicht aufnahmefähig.

✓ **Setze klare Grenzen:** „Ich verstehe, dass du sauer bist, aber wir schlagen nicht."

✓ **Biete eine Alternative:** „Wenn du dich beruhigt hast, können wir darüber sprechen."

📌 **Tipp:** Wut ist erlaubt – aber der Umgang damit muss erlernt werden. Dein Kind darf Gefühle haben, aber es muss lernen, sie angemessen auszudrücken.

27.3 Wie du dein Kind beim Beruhigen unterstützen kannst

Jedes Kind ist anders – manche beruhigen sich durch Körperkontakt, andere brauchen Abstand. Wichtig ist, dass du deinem Kind eine Möglichkeit gibst, sich selbst zu regulieren.

💡 **Was hilft deinem Kind, sich zu beruhigen?**

✓ **Ruhige Stimme und klare Worte:** „Atme mal tief durch, ich bin hier."

✓ **Ein sicherer Ort:** Eine Kuschelecke oder ein ruhiger Raum kann helfen, sich zu entspannen.

✓ **Bewegung:** Manchmal hilft es, wenn dein Kind seine Energie durch Hüpfen oder Rennen abbaut.

✓ **Ein Lieblingskuscheltier:** Kinder beruhigen sich oft mit etwas Vertrautem.

✓ **Atmen und zählen:** „Atme langsam ein, dann zählen wir bis fünf."

📌 **Tipp:** Nicht jedes Kind braucht das Gleiche – beobachte, was deinem Kind hilft, sich zu regulieren.

27.4 Strategien zur Frustrationstoleranz

Frustrationstoleranz bedeutet, mit Misserfolgen und Enttäuschungen umgehen zu können. Das ist eine der wichtigsten Fähigkeiten im Leben – aber sie muss geübt werden.

💡 **Wie kannst du Frustrationstoleranz fördern?**

✓ **Gib deinem Kind kleine Herausforderungen:** Ein Puzzle, das nicht sofort gelöst wird, fördert das Dranbleiben.

✓ **Lass dein Kind eigene Lösungen finden:** „Was kannst du tun, wenn der Turm umfällt?"

✓ **Lobe den Prozess, nicht nur das Ergebnis:** „Du hast dich richtig angestrengt – das war super!"

✓ **Vermeide, alles sofort zu lösen:** Dein Kind darf auch mal scheitern und daraus lernen.

✓ **Zeige, dass Fehler okay sind:** „Ich habe mich auch mal vertan – dann probiere ich es noch mal!"

📌 **Tipp:** Kinder, die lernen, mit Frustration umzugehen, sind später selbstbewusster und belastbarer.

27.5 Warum es wichtig ist, dass Kinder auch „Nein" hören

Natürlich möchtest du dein Kind glücklich sehen – aber es muss auch lernen, dass nicht immer alles nach seinem Willen geht. Ein „Nein" gehört zum Leben dazu und hilft deinem Kind, mit Enttäuschungen umzugehen.

💡 **Warum ist ein klares „Nein" wichtig?**

✓ Es gibt Sicherheit – Kinder brauchen klare Regeln.

✓ Es hilft, mit Grenzen umzugehen.

✓ Es zeigt, dass Wünsche nicht immer sofort erfüllt werden müssen.

✓ Es verhindert Verwöhnung und lehrt Geduld.

Wie kannst du konsequent bleiben?

✓ **Sage klar „Nein" und bleib dabei.**

✓ **Vermeide lange Diskussionen.**

✓ **Biete Alternativen:** „Heute gibt es kein Eis, aber du kannst ein Stück Obst haben."

✓ **Zeige Verständnis für die Enttäuschung:** „Ich sehe, dass du traurig bist. Das ist okay."

📌 **Tipp:** Kinder testen Grenzen – aber wenn sie spüren, dass Regeln verlässlich sind, gibt ihnen das Sicherheit.

Fazit: Wut ist eine normale Emotion – Kinder müssen den Umgang damit erst lernen

Wutausbrüche sind keine Bosheit, sondern Ausdruck starker Gefühle. Dein Kind braucht deine Unterstützung, um zu lernen, Frustration auszuhalten und mit Enttäuschungen umzugehen.

💡 **Was du mitnehmen kannst:**

✓ Kinder können ihre Emotionen noch nicht wie Erwachsene regulieren – Wutausbrüche sind normal.

✓ Bleib ruhig, wenn dein Kind wütend ist – deine Haltung hilft ihm, sich zu beruhigen.

✓ Wut ist erlaubt, aber der Umgang damit muss geübt werden.

✓ Frustrationstoleranz ist wichtig – gib deinem Kind kleine Herausforderungen und ermutige es, durchzuhalten.

✓ Klare Grenzen helfen – ein konsequentes „Nein" ist genauso wichtig wie Lob und Ermutigung.

Wenn dein Kind lernt, mit Frustration und Wut umzugehen, gibt es ihm Werkzeuge fürs Leben. Mit deiner Unterstützung wird es einfühlsamer, geduldiger und selbstbewusster im Umgang mit schwierigen Situationen. 🖤 🔥

28. Der fünfte Geburtstag – Ein Meilenstein

Der fünfte Geburtstag ist ein ganz besonderer Moment im Leben eines Kindes – und auch für dich als Elternteil. Dein Kind ist nun kein Kleinkind mehr, sondern auf dem besten Weg, ein selbstständiges und neugieriges Vorschulkind zu werden. Es zeigt mehr Selbstbewusstsein, übernimmt Verantwortung für kleine Aufgaben und hat eine wachsende Vorstellung davon, was es kann und will.

Gleichzeitig bringt das fünfte Lebensjahr viele neue Herausforderungen mit sich. Dein Kind beginnt, sich intensiver mit seiner Umwelt auseinanderzusetzen, stellt tiefere Fragen und entwickelt ein stärkeres soziales Bewusstsein. Wie kannst du diesen besonderen Geburtstag gestalten? Welche Entwicklungsschritte macht dein Kind jetzt? Und wie kannst du dein Kind auf die bevorstehenden Veränderungen vorbereiten?

28.1 Was ein Fünfjähriger schon alles kann

Mit fünf Jahren hat dein Kind bereits eine beeindruckende Entwicklung durchlaufen. Es kann nicht nur besser sprechen, sich konzentrieren und soziale Regeln verstehen, sondern wird auch körperlich immer geschickter.

💡 **Typische Fähigkeiten eines Fünfjährigen:**

✓ **Sprachlich:** Erzählt längere Geschichten, kann sich gut ausdrücken und stellt viele „Warum"-Fragen.

✓ **Sozial:** Entwickelt tiefere Freundschaften, versteht Regeln besser und kann Konflikte lösen.

✓ **Kognitiv:** Kann Farben, Formen, Zahlen und manchmal schon einige Buchstaben erkennen.

✓ **Motorisch:** Kann auf einem Bein hüpfen, Fahrradfahren lernen und einfache Bastelarbeiten selbst erledigen.
✓ **Emotional:** Versteht Emotionen besser, zeigt Empathie und kann sich mehr in andere hineinversetzen.

📌 **Tipp:** Dein Kind ist nun bereit für größere Herausforderungen – es liebt es, Dinge selbst auszuprobieren und stolz auf seine Fortschritte zu sein.

28.2 Die Entwicklung von Selbstbewusstsein

Mit fünf Jahren wächst das Selbstbewusstsein deines Kindes enorm. Es beginnt zu verstehen, was es gut kann, und freut sich über Anerkennung und Erfolge. Gleichzeitig ist es auch sensibler für Kritik oder Misserfolge.

💡 **Wie kannst du das Selbstbewusstsein deines Kindes stärken?**
✓ **Lobe den Prozess, nicht nur das Ergebnis:** „Du hast dir richtig Mühe gegeben – toll gemacht!"
✓ **Lass dein Kind selbstständig Dinge ausprobieren:** Auch wenn es mal scheitert, lernt es dabei.
✓ **Zeige ihm, dass Fehler okay sind:** „Jeder macht mal Fehler, das gehört dazu."
✓ **Ermutige es, neue Dinge zu probieren:** Ob Sport, Basteln oder ein neues Spiel – Neues auszuprobieren fördert Mut.

📌 **Tipp:** Dein Kind braucht Erfolgserlebnisse, aber auch die Erfahrung, dass nicht immer alles sofort klappt – das stärkt die Frustrationstoleranz.

28.3 Der Übergang zur Vorschule oder Schule

Viele Kinder beginnen mit fünf Jahren die Vorschule oder sind kurz davor, in die Schule zu kommen. Dies ist eine große Veränderung – und manchmal auch eine Herausforderung.

💡 **Wie kannst du dein Kind auf die Vorschule oder Schule vorbereiten?**
✓ **Sprich positiv über die Schule:** „Dort lernst du spannende Dinge und findest neue Freunde!"
✓ **Fördere spielerisch wichtige Fähigkeiten:** Zählen, Reime aufsagen oder mit Buchstaben spielen.
✓ **Übe kleine Alltagsfähigkeiten:** Jacke alleine anziehen, Rucksack packen, sich an einen Tisch setzen und zuhören.
✓ **Lass dein Kind kleine Entscheidungen treffen:** „Welches T-Shirt willst du heute anziehen?" – das stärkt das Selbstbewusstsein.

📌 **Tipp:** Ein sanfter Übergang in die Vorschule oder Schule ist wichtig – mach dein Kind neugierig, aber nimm ihm auch mögliche Ängste.

28.4 Wie du den Geburtstag unvergesslich machst

Ein fünfter Geburtstag ist ein großer Meilenstein – und sollte gefeiert werden! Viele Kinder haben jetzt erste konkrete Vorstellungen davon, wie ihr Geburtstag aussehen soll.

💡 Wie kannst du eine tolle Geburtstagsfeier gestalten?

✓ **Lass dein Kind mitentscheiden:** Möchte es eine Mottoparty? Wer soll eingeladen werden?

✓ **Plane Bewegungsspiele ein:** Fünfjährige lieben es, sich auszutoben – eine Schnitzeljagd, eine Hüpfburg oder einfache Wettspiele sind ideal.

✓ **Kleine Rituale schaffen:** Ein Geburtstagsstuhl, eine Krone oder eine besondere Torte machen den Tag unvergesslich.

✓ **Ein Mix aus Freispiel und angeleiteten Spielen:** Zu viele Programmpunkte können stressig sein – ein paar feste Spiele, aber auch genügend Zeit zum freien Spielen sind perfekt.

🎉 Beispiel für einen Ablauf einer Kindergeburtstagsfeier:

- ☑ **15:00 Uhr** – Ankunft der Gäste, freies Spielen
- ☑ **15:30 Uhr** – Kuchen essen und Geschenke auspacken
- ☑ **16:00 Uhr** – Eine Schnitzeljagd oder ein kleines Spiel
- ☑ **16:30 Uhr** – Freies Spielen oder Basteln
- ☑ **17:00 Uhr** – Abendessen oder Fingerfood
- ☑ **17:30 Uhr** – Abschlussritual (z. B. eine kleine Überraschung für jedes Kind)

📌 **Tipp:** Eine Geburtstagsfeier muss nicht perfekt sein – Hauptsache, dein Kind fühlt sich besonders und hat Spaß!

28.5 Rückblick auf fünf Jahre Elternsein

Der fünfte Geburtstag ist nicht nur ein Meilenstein für dein Kind – sondern auch für dich als Elternteil. Fünf Jahre voller Lachen, Lernen, Herausforderungen und wunderschönen Momenten liegen hinter dir.

💡 Was hast du in fünf Jahren als Elternteil gelernt?

✓ **Geduld ist der Schlüssel:** Kinder entwickeln sich in ihrem eigenen Tempo.

✓ **Jedes Kind ist einzigartig:** Es gibt kein „richtig" oder „falsch" – jedes Kind hat seinen eigenen Weg.

✓ **Fehler sind okay:** Elternsein ist ein Lernprozess – du machst es genau richtig.

✓ **Genieße die kleinen Momente:** Der erste „Ich hab dich lieb"-Satz, das erste selbstgemalte Bild, die ersten kleinen, selbstständigen Schritte – all das macht die Reise als Eltern so besonders.

📌 **Tipp:** Nimm dir einen Moment, um zurückzublicken – vielleicht möchtest du ein Fotoalbum erstellen oder einen Brief an dein Kind schreiben, den es später lesen kann.

Fazit: Dein Kind ist nun ein stolzes Vorschulkind!

Der fünfte Geburtstag markiert das Ende der Kleinkindzeit und den Beginn eines neuen Kapitels. Dein Kind ist nun ein Vorschulkind, das die Welt mit neuen Augen sieht und bereit ist für viele neue Abenteuer.

 **Was du mitnehmen kannst:**

✓ Dein Kind ist nun selbstbewusster, neugieriger und selbstständiger als je zuvor.

✓ Der Übergang zur Vorschule oder Schule ist ein großer Schritt – mit deiner Unterstützung wird er gelingen.

✓ Der fünfte Geburtstag ist eine wunderbare Gelegenheit, dein Kind zu feiern und ihm zu zeigen, wie besonders es ist.

✓ Du hast in den letzten fünf Jahren unglaublich viel als Elternteil geleistet – darauf kannst du stolz sein!

Ein neues Kapitel beginnt – voller Abenteuer, neuer Herausforderungen und unvergesslicher Momente. Herzlichen Glückwunsch an dein Kind (und an dich!) zu fünf wundervollen Jahren! 🎉 🥳 🎂

29. Der Übergang zur Schule – Ein neues Kapitel beginnt

Der Eintritt in die Schule ist einer der größten Meilensteine im Leben eines Kindes – und auch für Eltern ein emotionales Ereignis. Dein Kind ist kein Kleinkind mehr, sondern ein Schulkind, das sich neuen Herausforderungen stellt: Es lernt Lesen, Schreiben und Rechnen, findet neue Freunde und entwickelt mehr Selbstständigkeit.

Während sich manche Kinder auf die Schule freuen, sind andere unsicher oder haben Ängste. Vielleicht fragst du dich: **Wie kann ich mein Kind am besten auf die Schule vorbereiten? Wie unterstütze ich es, ohne Druck auszuüben? Und was braucht ein Vorschulkind wirklich, um gut in der Schule anzukommen?**

In diesem Kapitel erfährst du, wie du den Übergang zur Schule liebevoll und spielerisch begleiten kannst.

29.1 Was Vorschulkinder für die Schule brauchen

Oft glauben Eltern, dass ihr Kind bereits lesen oder rechnen können muss, bevor es in die Schule kommt – doch das ist nicht nötig. Viel wichtiger sind grundlegende Fähigkeiten, die das Lernen erleichtern.

Welche Fähigkeiten sind für den Schulstart wichtig?

✓ **Selbstständigkeit:** Kann sich anziehen, Schuhe binden, Rucksack packen.

✓ **Soziale Kompetenz:** Kann sich in eine Gruppe einfügen, wartet ab, hört zu.

✓ **Konzentration:** Kann sich für 10–15 Minuten mit einer Aufgabe beschäftigen.

✓ **Sprachliche Fähigkeiten:** Kann Fragen stellen, Geschichten erzählen und Anweisungen verstehen.

✓ **Feinmotorik:** Kann mit einer Schere schneiden, einen Stift halten und einfache Formen nachzeichnen.

📌 **Tipp:** Dein Kind muss vor der Schule nicht schreiben oder rechnen können – es reicht, wenn es Freude am Lernen hat und neugierig ist.

29.2 Lernmotivation ohne Druck fördern

Kinder lernen spielerisch am besten – sie brauchen keine „Schulübungen" zu Hause, sondern eine Umgebung, die ihre Neugier weckt.

Wie kannst du die Lernfreude deines Kindes fördern?

✓ **Alltagssituationen nutzen:** Zahlen im Supermarkt erkennen, Buchstaben auf Straßenschildern entdecken.

✓ **Vorlesen:** Geschichten regen die Fantasie an und fördern den Wortschatz.

✓ **Bewegung einbauen:** Lernen klappt besser, wenn Kinder sich zwischendurch bewegen dürfen.

✓ **Kleine Erfolgserlebnisse ermöglichen:** „Schau, du hast schon deinen Namen geschrieben!"

📌 **Tipp:** Druck bremst die Freude am Lernen – dein Kind wird in der Schule noch genug üben, daher sollte das Lernen jetzt noch spielerisch bleiben.

29.3 Wie du dein Kind auf den Schulalltag vorbereitest

Der Alltag in der Schule unterscheidet sich stark vom Kindergarten: Es gibt feste Stundenpläne, Regeln und längere Konzentrationsphasen.

💡 **Wie kannst du dein Kind darauf vorbereiten?**

✓ **Feste Routinen einführen:** Morgens pünktlich fertig werden, Pausen einhalten.

✓ **Aufgaben selbst erledigen lassen:** Dein Kind sollte üben, Dinge alleine zu tun.

✓ **Übungen zum Zuhören und Abwarten:** Spiele wie „Ich sehe was, was du nicht siehst" fördern die Geduld.

✓ **Mit positiven Geschichten über die Schule neugierig machen:** „In der Schule wirst du spannende Dinge lernen!"

📌 **Tipp:** Je entspannter du selbst über die Schule sprichst, desto sicherer fühlt sich dein Kind.

29.4 Die richtige Schultasche und Erstausstattung

Viele Kinder freuen sich besonders auf den Schulanfang, weil sie endlich ihre eigene Schultasche bekommen! Doch was braucht dein Kind wirklich?

💡 **Checkliste für die Schulausstattung:**

🎒 **Schulranzen:** Sollte leicht sein, gut sitzen und ergonomisch geformt sein.

✏️ **Federmäppchen:** Mit Bleistiften, Radiergummi, Buntstiften und einem Lineal.

📖 **Hefte und Mappen:** Je nach Schulanforderung (kariert, liniert).

✂️ **Schere und Kleber:** Für Bastelarbeiten.

👕 **Wechselkleidung und Hausschuhe:** Je nach Schule für den Innenbereich.

🍎 **Brotdose und Trinkflasche:** Für gesunde Snacks in der Pause.

📌 **Tipp:** Lass dein Kind seine Schulsachen mit aussuchen – das steigert die Vorfreude!

29.5 Einschulung feiern: Der Start in ein neues Abenteuer

Die Einschulung ist ein besonderer Tag, den dein Kind nicht so schnell vergessen wird. Ob große Feier oder kleine Überraschung – es gibt viele Möglichkeiten, den Schulstart zu einem unvergesslichen Erlebnis zu machen.

Ideen für eine schöne Einschulung:

Eine Schultüte schenken: Gefüllt mit kleinen Überraschungen (Stifte, Radiergummi, ein Buch oder eine kleine Süßigkeit).

Erinnerungsfotos machen: Ein Foto mit Schultasche und Schultüte als Erinnerung.

Eine kleine Überraschung nach der Schule: Ein gemeinsamer Ausflug oder ein Lieblingsessen zum Schulstart.

Die Familie mit einbeziehen: Vielleicht kommen Oma und Opa zur Feier?

Tipp: Es muss keine riesige Party sein – wichtig ist, dass dein Kind sich an diesem Tag besonders fühlt.

Fazit: Ein neuer Lebensabschnitt voller Möglichkeiten

Der Übergang zur Schule ist ein bedeutender Schritt, der dein Kind selbstständiger macht und neue Erfahrungen bringt. Mit deiner Unterstützung wird dein Kind diesen Wechsel mit Freude und Neugier erleben.

Was du mitnehmen kannst:

✓ Dein Kind muss vor der Schule nicht perfekt lesen oder rechnen können – wichtiger sind soziale und motorische Fähigkeiten.

✓ Lernfreude entsteht durch spielerisches Entdecken, nicht durch Druck.

✓ Der Schulalltag bringt neue Routinen – es hilft, dein Kind darauf vorzubereiten.

✓ Eine gute Schulausstattung und eine liebevolle Einschulungsfeier machen den Start besonders.

Die Schulzeit beginnt – ein neues Kapitel voller Abenteuer, Freundschaften und spannender Entdeckungen!

---

30. Rückblick und Ausblick – Was bleibt und was kommt

Fünf Jahre Elternsein – eine aufregende, herausfordernde und wunderschöne Reise liegt hinter dir. Dein Kind hat in diesen Jahren unglaubliche Entwicklungsschritte gemacht: von einem hilflosen Neugeborenen zu einem neugierigen, selbstbewussten und wissbegierigen Vorschulkind.

Vielleicht fragst du dich: **Wie ist die Zeit so schnell vergangen? War ich eine gute Mutter oder ein guter Vater? Habe ich alles richtig gemacht?** Die Antwort ist: **Ja!** Denn Elternsein bedeutet nicht Perfektion, sondern Liebe, Geduld und die Bereitschaft, jeden Tag gemeinsam zu wachsen.

In diesem Kapitel blicken wir zurück auf die letzten fünf Jahre und werfen einen Blick auf das, was noch vor euch liegt.

30.1 Fünf Jahre Elternsein: Was du gelernt hast

Die ersten fünf Jahre mit deinem Kind waren voller magischer Momente, aber auch voller Herausforderungen. Du hast gelernt, mit wenig Schlaf auszukommen, Windeln im Halbschlaf zu wechseln und Geduld zu bewahren, wenn dein Kind den gleichen Satz zum zehnten Mal wiederholt.

💡 **Was du als Elternteil in diesen fünf Jahren erfahren hast:**

✓ **Geduld ist unbezahlbar:** Kinder haben ihr eigenes Tempo – und das ist gut so.

✓ **Jedes Kind ist einzigartig:** Es gibt kein „richtig" oder „falsch" – nur individuelle Wege.

✓ **Perfektion gibt es nicht:** Eltern machen Fehler – und das ist völlig okay.

✓ **Kleine Momente sind die wertvollsten:** Die ersten Worte, das erste Lächeln, das erste Mal „Ich hab dich lieb".

📌 **Tipp:** Nimm dir einen Moment, um stolz auf dich zu sein – du hast fünf Jahre voller Liebe und Fürsorge gemeistert!

30.2 Dein Kind loslassen und begleiten

Mit fünf Jahren wird dein Kind immer selbstständiger. Es kann sich selbst anziehen, kleine Entscheidungen treffen und beginnt, eigene Freundschaften zu schließen. Doch auch wenn es sich weiter von dir löst, bleibt es weiterhin auf deine Unterstützung angewiesen.

💡 **Wie kannst du dein Kind beim Großwerden begleiten?**

✓ **Gib ihm mehr Verantwortung:** Lass dein Kind kleine Aufgaben übernehmen.

✓ **Ermutige es, neue Dinge auszuprobieren:** Auch wenn es mal scheitert – das gehört dazu.

✓ **Bleibe als sicherer Hafen präsent:** Dein Kind wird selbstständiger, braucht aber immer wieder deine Nähe.

✓ **Zeige Vertrauen:** Wenn dein Kind merkt, dass du ihm etwas zutraust, wird es mutiger.

📌 **Tipp:** Loslassen bedeutet nicht, dass dein Kind dich weniger braucht – es bedeutet, dass du ihm den Raum gibst, zu wachsen.

30.3 Die nächsten Herausforderungen im Elternsein

Jedes Alter bringt neue Herausforderungen mit sich – und auch nach den ersten fünf Jahren wird es Momente geben, in denen du zweifelst oder ratlos bist.

💡 **Was kommt als Nächstes?**

✓ **Die Schulzeit:** Dein Kind wird mehr Verantwortung übernehmen, neue Freunde finden und erste Herausforderungen in der Schule erleben.

✓ **Stärkere Emotionen:** Dein Kind wird selbstbewusster, aber auch empfindlicher gegenüber Kritik oder Misserfolgen.

✓ **Mehr Unabhängigkeit:** Dein Kind wird sich weiter von dir lösen, aber gleichzeitig immer wieder deine Nähe suchen.

✓ **Neue Interessen und Talente:** Dein Kind wird herausfinden, was es besonders gerne macht – Sport, Musik, Lesen oder etwas ganz anderes.

👉 **Tipp:** Bleib flexibel – jedes Kind entwickelt sich anders, und du wirst immer wieder neue Wege finden, es zu unterstützen.

30.4 Erinnerungen bewahren: Fotoalben, Tagebücher & Co.

Die ersten fünf Jahre vergehen unglaublich schnell – und oft merkt man erst später, wie wertvoll diese Zeit war. Erinnerungen sind das, was bleibt – sie halten die besonderen Momente lebendig.

💡 **Wie kannst du die ersten Jahre festhalten?**

📷 **Ein Fotoalbum oder ein digitales Erinnerungsbuch:** Sammle die schönsten Bilder aus den ersten fünf Jahren.

📖 **Ein Eltern-Tagebuch:** Schreibe lustige oder emotionale Momente auf – später wirst du sie mit Freude lesen.

🎥 **Videos von besonderen Meilensteinen:** Die ersten Schritte, die ersten Worte oder ein besonders süßer Moment.

✉ **Ein Brief an dein Kind:** Schreibe einen Brief, den es später lesen kann – über deine Gefühle, die schönsten Erinnerungen und deine Wünsche für die Zukunft.

👉 **Tipp:** Egal, ob du ein großes Erinnerungsbuch führst oder nur einzelne Momente aufschreibst – Hauptsache, du bewahrst die Magie dieser Jahre.

30.5 Eltern sein – eine Reise, die niemals endet

Die ersten fünf Jahre sind geschafft – aber Elternsein hört niemals auf. Dein Kind wird weiter wachsen, sich entwickeln und neue Herausforderungen meistern. Deine Rolle wird sich mit der Zeit verändern, aber eines bleibt immer gleich: Dein Kind braucht dich – als Vorbild, als Zuhörer, als sicheren Hafen.

💡 **Was macht Elternsein aus?**

✓ **Es ist ein Abenteuer:** Kein Tag ist wie der andere.

✓ **Es ist herausfordernd:** Manchmal fühlst du dich überfordert – und das ist normal.

✓ **Es ist unvorhersehbar:** Kinder überraschen dich immer wieder.

✓ **Es ist das Schönste der Welt:** Trotz aller Anstrengungen gibt es nichts Wertvolleres als die Liebe zwischen Eltern und Kind.

👉 **Tipp:** Genieße jede Phase – auch wenn manche anstrengend sind, sind sie doch einzigartig und werden irgendwann zu wertvollen Erinnerungen.

Fazit: Fünf Jahre voller Liebe, Wachstum und unvergesslicher Momente

Die ersten fünf Jahre deines Kindes sind vorbei – aber die Reise geht weiter. Dein Kind ist nun bereit für neue Abenteuer, neue Herausforderungen und neues Lernen. Und du? Du hast fünf Jahre lang Liebe, Geduld und Fürsorge gegeben – und wirst es weiterhin tun.

Was du mitnehmen kannst:

✓ Du hast unglaublich viel als Elternteil geleistet – darauf kannst du stolz sein.

✓ Dein Kind entwickelt sich weiter – und du wirst es liebevoll begleiten.

✓ Erinnerungen sind wertvoll – bewahre sie in Bildern, Briefen oder Tagebüchern.

✓ Elternsein verändert sich, aber hört nie auf – du wirst immer eine wichtige Rolle spielen.

Egal, was die Zukunft bringt – du hast bewiesen, dass du ein wunderbarer Elternteil bist. Herzlichen Glückwunsch zu fünf wundervollen Jahren Elternsein! 🩶 ✨ 🎉

Nachwort

Dieses Buch ist nicht das Werk eines perfekten Elternteils – sondern eines Menschen, der aus Erfahrung gelernt hat.

Mein Name ist **Alexander Gaal**, ich bin Pensionist und Vater. Ich gebe offen zu: In der Erziehung meiner Kinder habe ich vieles falsch gemacht. Nicht aus böser Absicht, sondern aus Unwissenheit, Unsicherheit und dem Wunsch, alles richtig zu machen. Wie viele Eltern stand ich oft vor schwierigen Entscheidungen und habe erst später erkannt, welche Fehler vermeidbar gewesen wären.

Mit diesem Buch möchte ich anderen Eltern helfen, aus meinen Erfahrungen zu lernen. Ich sehe es als meine Aufgabe, nicht mit erhobenem Zeigefinger zu belehren, sondern Orientierung und Unterstützung zu bieten. **Jede Familie ist einzigartig**, und es gibt keinen perfekten Erziehungsstil. Doch es gibt Grundsätze, die das Leben mit Kindern leichter, harmonischer und glücklicher machen können.

Als **Humanist** glaube ich daran, dass wir unser Wissen und unsere Erfahrungen weitergeben sollten, um anderen das Leben zu erleichtern. Es gibt genug Herausforderungen im Alltag – wenn wir uns gegenseitig unterstützen, können wir Fehler vermeiden, bessere Entscheidungen treffen und unsere Kinder mit Liebe, Geduld und Verständnis begleiten.

Ich hoffe, dass dieses Buch für dich eine Hilfe ist, um die ersten fünf Jahre mit deinem Kind bewusster, entspannter und glücklicher zu gestalten. **Elternsein ist ein Abenteuer – es ist nicht immer leicht, aber es ist das Schönste, das das Leben zu bieten hat.**

Alles Gute für dich und deine Familie!

Alexander Gaal

© 2024 Alexander Gaal
Verlag: BoD · Books on Demand GmbH, In de Tarpen 42,
22848 Norderstedt, bod@bod.de
Druck: Libri Plureos GmbH, Friedensallee 273, 22763 Hamburg
ISBN: 978-3-7693-9889-2

FSC
www.fsc.org
MIX
Papier aus ver-
antwortungsvollen
Quellen
Paper from
responsible sources
FSC® C105338